Susanne Rauprich

Köln Plus

Stadt mit Traditionen

Bibliografische Information der Deutschen Nationalbibliothek
Die Deutsche Nationalbibliothek verzeichnet diese Publikation
in der Deutschen Nationalbibliografie;
detaillierte bibliografische Daten sind im Internet
über http://dnb.ddb.de abrufbar.

Umschlaggestaltung: Mira Lob, Köln
Satz/Layout: Marzellen Verlag GmbH, Köln
Druck: Warlich Druck, Meckenheim

ISBN 978-3-937795-39-3

www.marzellen-verlag.de

Mein besonderer Dank gilt meinen Interviewpartnern, die mir im Gespräch sehr herzlich und freundlich begegnet sind, und meinem Verleger, mit dem ich stets im offenen und kreativen Dialog dieses Buch entwickeln konnte.

Danke sagen möchte ich auch meiner Familie und besonders Ernie für seine großartige Unterstützung.

Inhalt

Köln, Stadt mit Traditionen ... und was typisch kölsch ist!

Was ist eigentlich das besondere Kennzeichen einer Stadt, was macht ihr Image, ihre Eigenarten, ihre Identität aus?

Es sind die Menschen, die dort leben, die Geschichten, die sie schreiben, die Feste, die sie feiern, und die Traditionen, die sie pflegen. In Köln sagt man, dass etwas, das zum zweiten Mal stattfindet, bereits eine Tradition ist (und beim dritten Mal ist es Brauchtum).

Der Kölner liebt seine Traditionen, sind sie doch allesamt Liebeserklärungen an seine Stadt. Ob der Gläubige an der Fronleichnamsprozession, der Karnevalist am Rosenmontagszug oder der Homosexuelle an der Parade zum CSD teilnimmt – sie alle verstehen sich als Teil einer liebevoll gepflegten Tradition.

All diese Traditionen hängen eng mit der kölschen Seele zusammen. Aber wie kann man diese Seele beschreiben, und was ist eigentlich typisch kölsch?

Die einen sprechen von der unerträglichen Selbstverliebtheit der Kölner, die anderen von der großartigen Identifikation der Bürger mit ihrer Stadt. Da ist die Rede vom nördlichsten Punkt Italiens, womit auf eine gewisse den südlichen Ländern eigene Gelassenheit angespielt wird – la dolce vita. Dahinter verbergen sich sowohl Toleranz und Offenheit als auch Chaos und Klüngel.

Das Kölsche Grundgesetz spiegelt so einiges davon wider:

§1: Et es, wie et es!

§2: Et kütt, wie et kütt!

§3: Et hät noch immer jot jejange!

§4: Wat fott es, es fott!

§5: Et bliev nix, wie et wor!

§6: Kenne mer nit, bruche mer nit, fott domet!

§7: Wat wellste maache!

§8: Maach et jot, ävver nit zo off!

§9: Wat sull dä Quatsch?

§10: Drinkste eine met?

§11: Do laachs do dich kapott!

Eine Tradition ist, so wie es im Duden steht, „eine Überlieferung, ein Herkommen, ein Brauch“. Dabei wird das, was von den Menschen eine besondere Wertschätzung erfährt, gerne wiederholt, weitergegeben oder auch ritualisiert. Es ist das kulturelle Erbe, das von Generation zu Generation weitergegeben und so mit den entsprechenden überlieferten Ritualen zum Brauchtum der Stadt wird. Traditionen sind Bestandteile des sozialen Lebens, sie geben Sicherheit. Der Gemeinschaftssinn wird angesprochen und damit auch die Identifikation des Einzelnen mit der Gemeinschaft.

Entscheidend dabei sind das positive Gefühl, die Befriedigung und auch der Spaß. Ohne diese Faktoren würden viele Traditionen nicht überleben. Begreifen wir also Tradition als etwas, das im sozialen Leben einer Stadt fest verankert ist.

Und ist es Zufall oder System, dass die großen Bereiche, aus denen die kölschen Traditionen hervorgegangen sind, beziehungsweise immer noch hervorgehen, alle mit K anfangen, so wie die Stadt, in der sie gelebt und praktiziert werden: Kirche, Karneval, Krimis, Kölsch, Kneipen?

Erstes „K“

Traditionen in der Kirche

Wenn es eine Institution gibt, die für Tradition steht, dann ist es die Kirche. Religiöser Glaube beruht auf Überlieferungen und bildet sich durch die Pflege eingeübter, sich wiederholender fester Rituale. Die christliche Kirche in Köln blickt auf eine sehr lange Geschichte zurück! Und so gibt es einige für die Domstadt typische liebens- und lebenswerte Traditionen, die in dieser Form vermutlich nur hier gepflegt werden.

Fronleichnam und die Mülheimer Gottestracht

Die erste Fonleichnams-Prozession der Welt fand in den siebziger Jahren des 13. Jahrhunderts in Köln statt. Fronleichnam ist eine alte Kölner Tradition und in der katholischen Stadt natürlich fest etabliert.

Die Mülheimer Gottestracht ist die spezielle Form der Fronleichnamsprozession in Köln-Mülheim, die nicht nur durch die Straßen des Stadtteils, sondern auch mit Schiffen auf dem Rhein verläuft. Sie ist bereits Anfang des 14. Jahrhunderts erstmals in Mülheim gefeiert worden, durchaus auch als Konkurrenzveranstaltung zur Kölner Fronleichnamsprozession. Vergessen wir nicht, dass Mülheim damals eine eigene Stadt war. Bereits im späten Mittelalter hatte es die Stadtrechte erhalten und war so zu einer Konkurrenz für Köln geworden. Erst 1914 wurde Mülheim von der Stadt Köln eingemeindet.

Um die Anfänge der Mülheimer Gottestracht ranken sich unterschiedliche Legenden. In der am meisten verbreiteten Geschichte steht die kleine romanische Kirche Sankt Clemens, die unmittelbar am Rhein liegt, im Mittelpunkt der Geschehnisse. Darin soll ein Dieb den Kirchenschatz geraubt haben und mit seiner Beute über den Fluss geflohen sein. Aber wie durch ein Wunder habe sich sein Boot, als es in der Mitte des Rheins war, nicht mehr fortbewegen und steuern lassen. Der Räuber fiel in die Fluten und ertrank. Das herrenlose Boot wurde mitsamt den geraubten wertvollen Kirchengegenständen zurück an Land geholt und dabei von vielen kleinen Booten begleitet. Zur Erinnerung an diese im wahrsten Sinne des Wortes wundervolle Geschichte findet die alljährliche Schiffsprozession statt.

Mit seiner Beute floh der Räuber über den Rhein, fiel in die Fluten und ertrank. Der entwendete Kirchenschatz konnte wieder in die Clemenskirche gebracht werden. Dank dieser Geschichte findet jedes Jahr die Schiffsprozession statt.

Es ist ein wunderbares Bild, wenn alljährlich die vielen großen und kleinen Schiffe zu Fronleichnam auf dem Rhein schwimmen, das auch viele Gäste aus dem In- und Ausland anzieht. Es ist eben eine schöne, alte Kölner Tradition. Und wer zur Schiffsprozession eingeladen wird auf dem Hauptschiff mitzufahren, kann sich dem unmöglich entziehen. Das ist eine Ehre!

Allerdings ist einzuräumen, dass solch eine Legende um einen Kirchenraub und die wundersame Verhinderung der Flucht des Räubers früher sehr verbreitet war und nicht zwingend etwas mit Sankt Clemens zu tun haben musste.

In einer anderen Geschichte wird von einem Mädchen erzählt, das in einem Boot auf dem Rhein gestorben war. Ein Mülheimer Pfarrer sei noch zu ihr geeilt, um ihr die Sterbesakramente zu bringen. Der Leichnam sei dann in Begleitung anderer Boote zurück an Land geholt worden.

Oder hat die Schiffsprozession viel profanere Wurzeln? War es vielleicht einfach eine Ehrerbietung und Danksagung an das Wasser der vielen Bäche, die die Mühlen antrieben, denen Mülheim seinen Namen verdankt? Oder an den Fluss, der Fische als Nahrung lieferte und als Transportweg für die wirtschaftliche Entwicklung von Mülheim so wichtig war?

Veranstalteten die Menschen in Mülheim also die Prozession auf dem Rhein, weil der Strom für sie elementar und lebenswichtig war? Zumindest gehört die Mülheimer Gottestracht zum festen Bestandteil des Kirchenjahres auf der rechtsrheinischen Seite. Zum Ende der Straßenprozession besteigt ein Teil der Gemeinschaft das Schiff, der andere erhält seinen Schlusssegen. Begleitet von vielen kleineren Booten fährt nun das Sakramentsschiff, der geistige Mittelpunkt der Schiffsprozession, auf dem Rhein Richtung Dom und wieder zurück. Diesem Zweck dienten schon so große und bekannte Schiffe wie die „Berlin", die „Wappen von Mainz" oder die etwas kleinere „Stolzenfels".

Zu den drei katholischen „K"s gehört neben Kirche und Karneval auch die Kirmes. Während des kirchlichen Feiertages wurde früher ein Festzelt aufgestellt, und daraus entwickelte sich mit der Zeit die Tradition der Fronleichnamskirmes. Wie sagt der

Volksmund so schön: „Eß d'r Herrgott durch de Gaß', fängk ahn uns Kirmesspaß." Die ganze Feierei wurde am Vorabend des Fronleichnamstages mit Böllerschüssen eingeleitet. Dieses traditionelle „Einböllern" nahm 2004 ein jähes Ende, als genau an diesem Abend das Attentat in der Keupstraße mit seiner Detonation zu Schrecken und Chaos führte.

Das Fronleichnamsfest scheint auch ein geeigneter Rahmen für das Aufgreifen politischer oder gesellschaftskritischer Themen zu sein. So hatte Erzbischof Joseph Kardinal Höffner beispielsweise in den 1970er Jahren die Fronleichnamspredigt genutzt, um auf die Problematik der schwindenden und gleichzeitig alternden Bevölkerung hinzuweisen, lange bevor das Problem von Politikern aufgegriffen wurde.

Oder erinnern wir uns an die eindrucksvolle Demonstration für Frieden und Wiederaufbau, als die Prozession im Jahr 1945 durch die Trümmer der im Zweiten Weltkrieg zerstörten Stadt verlief.

Die Mülheimer Gottestracht wurde ebenfalls das eine oder andere Mal politisch instrumentalisiert. Schon im 17. Jahrhundert war sie Austragungsort heftiger Diskussionen zwischen Protestanten und Katholiken. Immerhin war sie ein typisches, katholisches Event. So fanden sich an der Wegstrecke Prediger, die flammende Reden entweder für

oder gegen die Reformation hielten. Und in den 1970er Jahren, als es beim Unternehmen „Felten & Guilleaume" zu Massenentlassungen kam, wurde der Gottesdienst der Mülheimer Gottestracht solidarisch am Firmensitz in der Schanzenstraße abgehalten.

Zuletzt entwickelte sich Fronleichnam im Mai 2016 zum politischen Aufruf, als Erzbischof Rainer Maria Kardinal Woelki für die Fronleichnamsmesse auf dem Roncalliplatz den Altar in einem originalen Flüchtlingsboot installierte. Damit wollte er zeigen, dass Christus unter uns ist und – wie der Kardinal es formulierte – heute in einem Flüchtlingsboot unter den Flüchtlingen sitzen würde. Woelki nahm auch Bezug zur Mülheimer Gottestracht, indem er sagte: *„... für eine Stadt am Rhein nichts Ungewöhnliches, so ein Schiff: Einige hundert Meter rheinabwärts feiern unsere Schwestern und Brüder in diesen Minuten die traditionelle Mülheimer Gottestracht – eine Fronleichnamsprozession zu Wasser."*

Und die Mülheimer Gottestracht ist tatsächlich ein gutes Beispiel für Integration. Sie ist mittlerweile ein internationales Kirchenfest geworden. Schon in den 1970er Jahren berichteten Zeitungen davon, dass sich viele ausländische Gruppen an der Mülheimer Gottestracht beteiligten und dass dies ein „schönes buntes Bild abgab". Heute leben in den Mülheimer Pfarrgemeinden rumänische, syrische, ghanaische, indische und italienische Christen, die alle gemeinsam an der Mülheimer Gottestracht teilnehmen.

Fronleichnam

Das Wort „Fronleichnam" stammt aus dem Mittelhochdeutschen und bedeutet „Leib des Herrn". Gleichbedeutend ist die lateinische Bezeichnung „Corpus Christi", die ebenfalls gebräuchlich ist. Bei diesem Fest geht es um die Eucharistiefeier, die in der Hostie den Leib Christi, die Menschwerdung Gottes durch seinen Sohn verehrt. In Prozessionen werden Monstranzen mit Hostien durch die Straßen getragen.

Das Fronleichnamsfest geht auf die Visionen der heiligen Juliana von Lüttich zurück. Die Augustinerin interpretierte den Halbmond, den sie sah, als halbe Hostie und erkannte darin eine göttliche Mahnung, dass im Kirchenjahr ein Fest für das heilige Sakrament der Eucharistie fehlte. 1246 wurde Fronleichnam erstmals in Lüttich gefeiert und kurze Zeit später als festgesetzter kirchlicher Feiertag übernommen.

Schon die Einwohner der römischen Colonia konnten Prozessionen beiwohnen, bei denen jemand voranschreitet (lat.: procedere), um den umstehenden Menschen etwas zu zeigen, sie zu beeindrucken und sie zur Anbetung zu bewegen. Aus der Antike wurde diese Form der Präsentation und Verherrlichung in das Christentum übernommen. Bei den feierlichen kirchlichen Umzügen werden entweder Reliquien, Heiligenfiguren oder Monstranzen mit Hostien mitgetragen und dem Volk gezeigt.

Die Verehrung der Heiligen Drei Könige

Die Verehrung der Heiligen Drei Könige hat eine lange Tradition in Köln. Der Kölner Erzbischof Rainald von Dassel brachte die Reliquien 1164 nach Köln. Er hatte Kaiser Barbarossa im Krieg gegen die norditalienischen Städte als Ratgeber unterstützt und wurde mit den Gebeinen der Heiligen Drei Könige, die sich damals in Mailand befanden, belohnt.

Der Legende nach hatte die Heilige Helena die Gebeine gefunden und sie nach Konstantinopel gebracht. Von dort wurden sie dem Mailänder Bischof Eustorgio geschenkt, der selber aus Konstantinopel stammte. Nach dem Tod des Bischofs bewahrte man sie in der nach ihm benannten Kirche San Eustorgio auf, bis sie dann an Rainald von Dassel übergeben wurden, was nicht ganz freiwillig geschah.

Pferdekarren zogen die Särge über die Alpen und anschließend brachten Schiffe sie über den Rhein bis nach Köln. In einer feierlichen Prozession sollen die Gebeine zunächst zu Sankt Maria im Kapitol gelangt sein. Auf dem Weg dahin wurden sie durch das Dreikönigenpförtchen (der Kölner sagt: „Dreikünnijepöözje") getragen, dem Eingangstor des Stiftsbezirks. Von da aus ging es weiter bis zum Alten Dom, dem romanischen Vorgänger des heutigen gotischen Doms.

Seit dem 13. Jahrhundert ruhen die Reliquien nun in dem kostbaren Dreikönigenschrein, den Nikolaus von Verdun und seine Mitarbeiter geschaffen haben.

Durch das Dreikönigenpförtchen wurden 1164 die Reliquien der Heiligen Drei Könige nach ihrer Ankunft in Köln auf dem Weg zum Dom getragen.

Drei Kronen als Symbole für die Heiligen Drei Könige zieren das Kölner Stadtwappen.

Die Darstellung der Heiligen Drei Könige gehört zu den meist dargestellten Motiven in der christlichen Kunst. Allein im Kölner Dom finden wir sie unzählige Male, ob in Fenstern, Altären oder im skulpturalen Schmuck. Außerdem zieren drei Kronen als Symbole für die Heiligen Drei Könige das Kölner Stadtwappen.

Die Verehrung von Heiligen und Reliquien war im mittelalterlichen Köln ein wichtiger Bestandteil des täglichen Lebens. Etwas von dem Glauben an ihre Wunderkraft und dem Kult um ihre Verehrung hat sich bis heute erhalten, auch wenn das alles nicht mehr die Präsenz hat wie in früheren Zeiten.

Die Reliquien der Heiligen Drei Könige sind nach wie vor die populärsten und bedeutendsten in Köln. Und auch heute noch gibt es die Gläubigen, die den Schutz der Heiligen erbeten möchten.

Deshalb versucht man nun auch, eine alte Tradition neu zu beleben: Die Kölner Domwallfahrt. Sie führt die Pilger zum Dreikönigenschrein, dem Allerheiligsten im Kölner Dom, in dem die Gebeine der Heiligen Drei Könige aufbewahrt werden. Die jahrhundertealte Tradition der Domwallfahrt war, auch bedingt durch die fortschreitende Säkularisierung unserer Gesellschaft, fast vergessen.

Im Matthäus-Evangelium werden die Heiligen Drei Könige nur kurz erwähnt und als Weise aus dem Morgenland bezeichnet, die auf der Suche nach dem König der Juden waren. Sie waren einem Stern gefolgt, der sie zu dem Kind gebracht hatte. Als sie es gefunden hatten, knieten sie nieder und beschenkten es mit Gold, Weihrauch und Myrrhe. Diese drei Weisen waren demnach die ersten, die Jesus als Sohn Gottes erkannten. Im Laufe der Zeit wurden aus den Weisen die Könige, auch um ihre Bedeutung noch zu erhöhen. Wenn schon Könige niederknien, wie besonders mag dann derjenige sein, dem sie huldigen? Eine große Aufwertung und detailreiche Ausschmückung bekam die Geschichte um die drei Heiligen, als deren Gebeine nach Köln überführt wurden. Sie waren die Zeugen der Richtigkeit des Christentums.

Auch wenn heutzutage für viele Pilger oftmals der Weg das Ziel einer Wallfahrt ist, so bleibt bei der Kölner Domwallfahrt das eigentliche Ziel ganz klar als solches erkennbar: der Dreikönigenschrein im Kölner Dom.

Wenn wir aber einen Blick auf die momentane unglaubliche Begeisterung vieler Menschen für den Jakobsweg werfen, der sicher bedeutendsten und längsten Wallfahrtsstrecke in Europa, dann können wir eine neue Sehnsucht nach Spiritualität erkennen. Daher überrascht es auch nicht, dass die Domwallfahrt seit 2006 nun wieder fester Bestandteil des Kölner Kirchenkalenders ist.

Auslöser war unter anderem der Weltjugendtag 2005. Und die Jugend steht immer noch im besonderen Blickpunkt, wie es die Domwallfahrt der Erzbischöflichen Schulen sehr schön zeigt. Dabei ziehen Schüler von katholischen freien Schulen des Erzbistums Köln von ihren Schulen aus zum Dom, um dort gemeinsam zu beten und dann den Schrein zu unterschreiten.

Für die Zeit der Domwallfahrt, die immer Ende September terminiert ist, wird den Pilgern ein dichtes Programm angeboten. Das sind zum Beispiel Pilgermessen, Beichtgelegenheiten, Nachtgebete oder Orgelmeditationen. Der offizielle Pilgerweg verläuft vom Südportal, vorbei an der Mailänder Madonna, unter dem Dreikönigenschrein hindurch, entlang dem Gerokreuz zum Nordportal hinaus.

Das gemeinschaftliche Erleben, sich als Gruppe auf den Weg zu machen, wie einst die Heiligen Drei Könige, das gute Gefühl, ans Ziel zu kommen, sich zu bewegen und bewegt zu werden oder die großartige Architektur des Kölner Doms in seiner ursprünglichen sakralen Funktion zu spüren: All das sind Aspekte der traditionellen und gleichzeitig modernen Domwallfahrt.

Die Magie der Reliquien

Was ist eigentlich das Besondere, das Magische an Reliquien? Es sind doch nur die Überreste von Heiligen, ob Knochen, Haare, Kleiderreste oder Gegenstände, die mit den Heiligen zu tun hatten. Das Besondere daran ist, dass sie greifbar und damit auch begreifbar sind. Der christliche Glaube ist sehr abstrakt. Heilige dagegen sind konkret, haben ihre Geschichten und ihre Hinterlassenschaften. Viele Heilige sind sogenannte Märtyrer.

Das waren Menschen, die in den Anfängen des Christentums trotz Verfolgung und Bedrohung dem christlichen Glauben treu blieben und deswegen sterben mussten. Sie erlitten das Martyrium, einen grausamen Tod durch schrecklichste Folter.

Für die Gläubigen waren und sind die Heiligen Vorbilder und Fürbitter. Sie wurden und werden um Hilfe und Schutz angefleht. Die besondere Nähe zu einer Reliquie gilt dabei als besonders hilfreich, wenn nicht sogar wundersam.

Ob die Geschichten der Heiligen, von denen die Reliquien stammen, sich wirklich so abgespielt haben, war und ist für die Gläubigen nicht entscheidend. Sie glauben an deren Echtheit und Kraft, die sie in schwierigen Situationen unterstützen sollen.

Der Kölner Krippenweg

Die Heiligen Drei Könige sind nicht nur das Ziel vieler Gläubigen, sondern auch wichtiger Bestandteil einer Weihnachtskrippe. Krippen stellen die Geburt Jesu dar, und die Könige verleihen einer Krippe durch die exotischen und prächtigen Gewänder Glanz und Glorie. In Köln gibt es zur Weihnachtszeit viele Varianten davon zu sehen. Das hängt natürlich auch damit zusammen, dass es in Köln überdurchschnittlich viele Kirchen gibt und alle diese Kirchen ihre eigenen Krippen haben. Und so kommen wir zu einer weiteren Tradition in Köln: dem Kölner Krippenweg.

Im Lukas-Evangelium, Vers 2,4-7, steht geschrieben: „So zog auch Josef von der Stadt Nazareth in Galiläa hinauf nach Judäa in die Stadt Davids, die Betlehem heißt; denn er war aus dem Haus und Geschlecht Davids. Er wollte sich eintragen lassen mit Maria, seiner Verlobten, die ein Kind erwartete. Als sie dort waren, kam für Maria die Zeit ihrer Niederkunft, und sie gebar ihren Sohn, den Erstgeborenen. Sie wickelte ihn in Windeln und legte ihn in eine Krippe, weil in der Herberge kein Platz für sie war."

Aus der ursprünglichen Futterkrippe, von der im Lukasevangelium die Rede ist, wird ein Begriff für die gesamte Szenerie.

Ochse und Esel, die zum festen Inventar einer Krippe gehören, werden in den Evangelien nicht erwähnt. Lediglich im Alten Testament (Jesaia 1,3) ist die Rede vom Ochsen, der seinen Besitzer kennt, und dem Esel, der die Krippe seines Herrn erkennt. Der Prophet beschreibt die beiden Tiere als zwei Wesen, die wissen, wo sie das Gute und das Richtige finden. So werden sie in den Krippendarstellungen zu Zeugen der Geburt des richtigen Messias'.

Natürlich dürfen die Hirten nicht fehlen, die von Engeln zur Krippe gerufen wurden, genauso wie die oben schon erwähnten drei Weisen aus dem Morgenland, die dem Stern folgten, der ihnen den Weg zeigte.

Heute findet man die Weihnachtskrippe in vielen Privathäusern als festen Bestandteil der Weihnachtsdekoration. Und wem die häusliche Version nicht reicht, der wandert durch die Kölner Kirchen. Der Kölner Krippenweg hat sich seit Jahren etabliert und erfreut sich großer Beliebtheit.

An über 100 Stationen finden sich altertümliche wie moderne, lebendige und volkstümliche wie stilisierte und reduzierte Krippen. Dazu gehören nicht nur Kirchen, sondern auch öffentliche Plätze, wie beispielsweise die Vorhalle des Hauptbahnhofs oder auch Schaufenster von Geschäften. Alle Krippen hier zu beschreiben, würde ein ganzes Buch füllen. Die folgenden vier Beispiele können exemplarisch etwas über die enorme Bandbreite der Darstellungen erzählen.

Beliebter Anlaufpunkt und Treffpunkt für die Führungen des Kölner Krippenwegs ist die Friedenskrippe im Kölner Hauptbahnhof, die an die Nachkriegszeit des Zweiten Weltkriegs erinnert.

Die Krippe im Kölner Dom, die direkt links hinter dem Eingang unter dem Nordturm zu finden ist, ist auf mehreren Ebenen angeordnet. Liebevoll gestaltete Figuren erzählen von der zweitausendjährigen Kölner Stadtgeschichte. Die Krippe wird jedes Jahr neu angeordnet und stellt auch immer wieder neue aktuelle Bezüge dar, beispielsweise mit den Gestalten von Flüchtlingen 2015/2016. Außerdem werden immer wieder neue Puppen dazugestellt, die die Gesamtheit der Gläubigen repräsentieren sollen. So gibt es eine schwarze Ordensschwester, einen Domschweizer und auch einen Feuerwehrmann zu sehen. Das sind Figuren, deren Gesichter nach realen Vorbildern geschnitzt wurden. Das macht die Krippe sehr volksnah.

Die Friedenskrippe im Kölner Hauptbahnhof deutet dagegen auf eine bestimmte Zeit der Kölner Geschichte hin, nämlich auf das Jahr 1946. Hier finden Maria und Joseph Schutz in den Ruinen der total zerstörten Stadt. Trümmerfrauen, Kriegsheimkehrer und Kinder kommen in die Szenerie, um das Jesuskind zu bestaunen und Geschenke zu bringen.

Krippendarstellungen

Der heilige Franz von Assisi stellte im 13. Jahrhundert als erster die Geburtsszene Jesu mit lebenden Tieren und Menschen nach. Später waren es vor allem die Jesuiten, die mit den bildhaften, detailreichen und volkstümlichen Weihnachtskrippen die Gläubigen für die Geschichte Jesu und den damit verbundenen Glauben begeistern wollten. Die größten und faszinierendsten Krippen haben neapolitanische Künstler im 18. Jahrhundert geschaffen. Das sind großformatige, ganze Räume füllende fantastische Inszenierungen des italienischen Lebens, vom einfachen Alltagsleben bis hin zum höfischen. Die eigentliche Geburtsszene gerät dabei fast in den Hintergrund.

Mit Charakteren aus dem Hänneschen-Theater ist die Krippe von St. Ägidius in Köln-Wahn bestückt. Da wird die Weihnachtsszene von den typischen Kölner Puppen nachgespielt und bekommt somit ihren urkölschen Charakter.

Die bekannteste Kölner Krippe befindet sich in Sankt Maria Lyskirchen. Sie heißt „Milieu-Krippe" und „spielt" im Köln der 1930er Jahre. Auf einer breiten Fläche bewegen sich die unterschiedlichsten Kölner Typen wie ein Querschnitt durch die ganze Gesellschaft. Sie wollen uns sagen: „Jesus ist für alle geboren, ob reich oder arm, einflussreich oder ausgegrenzt, gebildet oder einfältig." Da sind zum Beispiel Marktfrau,

Beliebter Treff: die Milieukrippe in Sankt Maria Lyskirchen.

jüdischer Apotheker, Tanzpaar der Hellige Knäächte und Mägde, holländischer Heringsverkäufer, Obdachloser, vornehme Dame, Matrose, Prostituierte, Nonne, Pfarrer und Tagelöhner zu entdecken. Manche Figuren tragen Porträtzüge und sind als reale Personen zu identifizieren, die früher in diesem Viertel tatsächlich gelebt haben. Die Kulisse bilden ehemalige Häuser aus der Umgebung der Kirche, die liebevoll gestaltet sind. Und über allem steht geschrieben: „Üch eß der Heiland jebore!"

Von Woche zu Woche verändert sich die Inszenierung und erzählt so den Besuchern in vielen Bildern die Weihnachtsgeschichte: Angefangen mit den Prophezeiungen, dass Gottes Sohn geboren werde, über die Verkündigung des Engels an Maria, dass sie Jesus zur Welt bringen wird und die eigentliche Geburt, bis hin zur Ankunft der drei Weisen.

In der Weihnachtszeit stehen die Menschen Schlange, um einen Blick auf diese außergewöhnliche Krippe werfen zu können.

Liebevoll gestaltet sind die Figuren in der Friedenskrippe im Kölner Hauptbahnhof.

Der „Decke Pitter“

Der „Decke Pitter“ ist kein adipöser Junge, sondern eine Glocke des Kölner Domgeläuts. Und nicht irgendeine: Die Petersglocke ist die größte schwingende Glocke der Welt. Sie hat einen Durchmesser von über 3,20 Metern und wiegt um die 24 Tonnen. Alleine der Klöppel bringt 600 Kilogramm auf die Waage.

Das Läuten der Petersglocke ist für die Kölner etwas ganz Besonderes. Traditionell läutet der Decke Pitter nur zu den großen kirchlichen Feiertagen wie Ostern und Weihnachten, dem Fest der Heiligen Petrus und Paulus, die die Patrone des Doms sind, oder an Fronleichnam. Sie ertönt natürlich beim Tod oder der Neuwahl des Kölner Erzbischofs oder des Papstes. Die Glockenschläge waren auch schon bei bedeutenden politischen Ereignissen zu hören, wie dem Ende des Zweiten Weltkriegs oder dem Tag der Wiedervereinigung Deutschlands.

Der Decke Pitter läutet meist einige Schläge alleine vorweg, bis dann die anderen Domglocken einsetzen. Der Klang ist voll und rund, weithin zu hören und bewegt die Kölner Herzen. Wenn Weihnachten der Decke Pitter zu läuten beginnt, stehen die Leute auf dem Roncalliplatz und hören andächtig den Glockenschlägen zu. Je nach Windrichtung ist das Läuten sogar bis an die Stadtgrenzen zu hören. Die Kölner lieben ihren Decken Pitter.

Vor der Petersglocke gab es bereits die Kaiserglocke, die 1875 gegossen wurde. Aber sie überlebte den Ersten Weltkrieg nicht. Man schmolz sie ein, da ihr Material für Kriegswaffen gebraucht wurde. Die Traurigkeit darüber hielt sich in Grenzen, da der Ton der Glocke nicht gut zu den anderen Glocken passte.

Nach Kriegsende bot sich nun die Möglichkeit, eine neue, wohlklingendere Glocke für den Dom in Auftrag zu geben. Der damalige Kölner Oberbürgermeister Konrad Adenauer trieb dieses Ansinnen mit Nachdruck voran. Leider wollte sich kein Glockengießer aus ganz Europa darauf einlassen, eine solche Glocke zu gießen, da nun ja ein guter Klang oberste Priorität hatte und dieses Ziel unkalkulierbar schien. Glücklicherweise erklärte sich schließlich ein Glockengießer aus Thüringen bereit, den Auftrag und das Risiko anzunehmen. Die ganze Aktion, das Maßnehmen, die Vorbereitungen, der Bau eines neuen größeren Schmelzofens und der eigentliche Guss wurden zu einem lokalpolitischen Ereignis. Die Zeitungen verfolgten den Glockenguss, und ein Filmteam dokumentierte alles.

Die Anfertigung der Petersglocke war keine billige Angelegenheit. Allein das Material kostete über eine Million Mark. In Folge der Inflation war es dem Domkapitel unmöglich, das Geld zu beschaffen. Zum Glück fanden sich einige wohlhabende Kölner Bürger, die den nötigen fehlenden Restbetrag spendeten. Die Arbeiten konnten zu Ende geführt werden. Der Guss gelang. Der Ton war perfekt.

Die Petersglocke im Kölner Dom, genannt „Decke Pitter“, bringt 24 000 Kilogramm auf die Waage. Ihr Klöppel wiegt 600 Kilogramm.

Im Glockenturm des Kölners Doms
hängt die größte freischwingende
Glocke der Welt, der „Decke Pitter".

Nun musste die Glocke noch die lange Reise nach Köln antreten. Im November 1924 kam der Decke Pitter in der Domstadt an. Es war eine beschwerliche Reise aus Thüringen bis nach Köln. Auf dem letzten Stück des Weges wurde die Glocke von tausenden begeisterten Kölnern begleitet. Die bereits vorhandenen Domglocken läuteten zum Empfang.

Nachdem die Glocke gesegnet war, sollte sie in den Turm befördert werden. Aber das war nicht so einfach. Die Glocke war mit ihren Maßen von über drei Metern in der Breite und drei in der Höhe zu groß für das Hauptportal. Nach dem Ausbau des steinernen Mittelpfeilers war diese Hürde genommen. Bis nun aber die Glocke über fünfzig Meter hoch in den Glockenstuhl transportiert worden war, vergingen nochmals mehrere Wochen. Und erst im Herbst 1925 war sie dann erstmals zu hören.

Dreikönigstag, 6. Januar 2011

„Die Glocke ist stumm", titelten Kölner Zeitungen am 7. Januar 2011. Was war passiert?

Am Tag zuvor, dem Dreikönigstag, war der 600 Kilogramm schwere Klöppel der Petersglocke in zwei Teile gebrochen.

Die Erschütterung des Aufschlags war so enorm, dass sie von den Erdbebenstationen in und um Köln als Erdbeben registriert wurde. Glücklicherweise wurde niemand verletzt.

Schon Ende des Jahres konnte ein neu gegossener Klöppel befestigt werden und die Glocke wieder zum Klingen bringen. Das gesamte Unterfangen kostete den Dom fast nichts. Das Metall für den Klöppel, die Anfertigung und der Transport wurden gestiftet. Für diese Stifter war es eine Ehre, ihren Anteil an der Reparatur des Decken Pitters zu leisten.

„Köln und Prozession gehören zusammen"

Im Gespräch mit dem ehemaligen Dompropst Norbert Feldhoff

Wir sitzen in seinem gemütlichen, einladenden Arbeitszimmer. Hier wird studiert, geschrieben, korrespondiert, gelesen, es hat diesen besonderen Charakter eines Studierzimmers.

Norbert Feldhoff im schwarzen Anzug und dem schmalen Kragen, der ihn als Kleriker kennzeichnet, strahlt Würde und Bescheidenheit aus. Dieser Mann weiß unglaublich viel und hat viel zu erzählen. Freundlich und offen gibt er mir Antworten auf meine Fragen. Als ich ihn nach seiner Einschätzung zur Bedeutung der Fronleichnamsprozession frage, antwortet er spontan und überzeugt:

„Die Fronleichnamsprozession ist eine Erfindung von Köln, und die Mülheimer Gottestracht wiederum ist die einzige der mittelalterlichen Prozessionen in Köln, die bis heute geblieben ist." Nach einer kurzen Pause ergänzt er: „Köln und Prozession gehören zusammen. Das geht dann bis zur Karnevalsprozession. Die Fronleichnamsprozession ist in Köln entstanden und zusammen mit der Mülheimer Gottestracht eine urkölsche Institution."

Der ehemalige Dompropst beschreibt sich selbst als eher nüchternen Typen, der mehr naturwissenschaftlich als geistesgeschichtlich geprägt sei. Ich spreche ihn auf die Reliquienverehrung der Heiligen Drei Könige an. Sofort spüre ich seine Zurückhaltung. Aber nur für einen kurzen Moment. Dann erzählt er, dass er sich wissenschaftlich mit der Frage beschäftigt hat und spannt einen interessanten Bogen zur Reliquienverehrung unserer Zeit. Die Liebesschlösser an der Hohenzollernbrücke seien doch letztlich Erinnerungsstücke an etwas Besonderes, durchaus auch mit spirituellem Hintergrund.

Wenn ihm ein Thema besonders am Herzen liegt, sieht man ihm das direkt an. Seine Augen leuchten, und ein Lächeln macht sich auf seinem Gesicht breit. So auch, wie ich auf den Decken Pitter zu sprechen komme.

„Wenn in einer deutschen Kathedrale eine Glocke abstürzt, dann ist das maximal ein lokales Medienereignis. Wenn in Köln der Klöppel abfällt, dann wird davon auch in Amerika berichtet." Diese unerwartete Erfahrung aus dem Jahr 2011 bereitet ihm eine fast spitzbübische Freude. *„Der Decke Pitter wird von den Kölnern geliebt und ist eine echte Tradition in Köln, und die Geschichte um den Klöppel wurde Weltgeschichte."*

Ähnlich war es auch, als Norbert Feldhoff 2014 als Zeichen gegen die Pegida-Aufmärsche in Köln die Beleuchtung des Doms abschalten ließ. Zu seinem Erstaunen ging die Licht-Aus-Aktion um die ganze Welt. *„Damit hatte ich nicht gerechnet"*, erzählt er.

Norbert Feldhoff

Wenn man über den Kölner Dom spricht, kommt man an den Heiligen Drei Königen nicht vorbei. Wie von selbst finden wir die Überleitung zur Darstellung der drei Weisen in jeder Weihnachtsdekoration. Auf die Kölner Krippen angesprochen, bekomme ich eine nicht unerwartete Antwort. Dem ehemaligen Dompropst liegt die Domkrippe besonders am Herzen.

„Mir gefällt, wie sie gleichermaßen Stadtgeschichte und Milieu darstellt und immer wieder aktuelle Bezüge findet.“

Zur Domkrippe fällt Norbert Feldhoff eine schöne Geschichte ein:

Aufgrund der engen Verbundenheit zwischen der Feuerwache 1 und dem Kölner Dom kam die Idee auf, die Domkrippe um eine Figur eines Kölner Feuerwehrmannes zu erweitern. Aber es sollte nicht irgendein Feuerwehrmann sein, sondern das Abbild eines ganz speziellen. Das Gesicht wurde als Porträt von Stephan Neuhoff geschnitzt. Neuhoff war lange Zeit Chef der Kölner Feuerwehr und auch hauptverantwortlicher Einsatzleiter, als 2009 das Kölner Stadtarchiv einstürzte. Er wird als Experte für Brandbekämpfung genauso geschätzt wie als besonnener und vertrauenswürdiger Krisenmanager. *„Zudem ist er“*, wie Norbert Feldhoff respektvoll sagt, *„ein außergewöhnlich engagierter und überzeugter Katholik.“*

Norbert Feldhoff: „Köln und Prozession gehören zusammen. Das geht dann bis zur Karnevalsprozession. Die Fronleichnamsprozession ist in Köln entstanden und zusammen mit der Mülheimer Gottestracht eine urkölsche Institution."

Neuhoff war selbstverständlich bei der Präsentation der neuen Krippenfigur auch unter den Gästen. Er wusste aber nicht, dass sein Konterfei zu sehen sein würde. Bei der Enthüllung war die Überraschung groß und Neuhoff natürlich sehr gerührt. Diese Szene hat Feldhoff ebenfalls sehr bewegt.

„Das ist richtig zelebriert worden. Das ist eben Köln", erklärt er.

Der in Düsseldorf geborene Norbert Feldhoff fühlt sich heute eng verbunden mit der Stadt, den Kölnern und dem Dom. Er selbst ist in Köln bekannt wie der sprichwörtliche bunte Hund. Die Kölner lieben ihn wegen seiner Aufrichtigkeit und seinem Humor.

Alle Auszeichnungen, die Norbert Feldhoff bekommen hat, und alle Aufgaben, die ihm im Laufe seines Lebens übertragen wurden, hier aufzuzählen, würde zu weit führen. Hier nur ein Ausschnitt:

Nach seinem Theologiestudium erhielt Norbert Feldhoff 1965 durch Kardinal Frings in Köln die Priesterweihe. Lange Zeit war er Geheimsekretär des Kölner Erzbischofs Joseph Kardinal Höffner. 1975 wurde er zum Generalvikar und Domkapitular ernannt. 2004 wählte ihn das Domkapitel zum Dompropst. Mit 75 Jahren ging Norbert Feldhoff 2015 in den Ruhestand.

Zweites „K"

Traditionen im Karneval

Kirche und Karneval fangen nicht nur beide genau wie Köln mit einem K an, sondern sind auch auf das Engste miteinander verknüpft. Denn der Karneval ist, wie allseits bekannt, aus einer christlichen Tradition heraus erwachsen. Und so wie in jedem Kölner Stadtteil eine Kirche steht, so findet sich dort auch immer ein Karnevalsverein. Hier wird das Brauchtum gepflegt, entweder mit großer Ernsthaftigkeit oder auch mit einem Augenzwinkern.

Carne vale – Fleisch, lebe wohl

Um die Anfänge des Karnevals aufzuspüren, müssen wir in das Mittelalter zurückschauen. Es war eine zutiefst religiöse Zeit. Das wichtigste Christenfest war Ostern. Um sich darauf vorzubereiten, sollten die Menschen 40 Tage fasten. Aber vor der Fastenzeit konnte noch einmal richtig viel gegessen und getrunken werden. Die Leute waren laut und lustig.

Zu den Feiern gehörten auch Verkleidungen und Maskenzüge. Das alles war die Fastnacht, die Nacht vor dem Fasten. In Köln spricht man auch von Fastelovend, dem Abend vor der Fastenzeit. Denselben Ursprung hat das Wort Karneval. Es ist abgeleitet von den lateinischen Wörtern „carne vale". Das bedeutet „Fleisch, lebe wohl" und bezieht sich auf die folgende Fastenzeit, in der kein Fleisch gegessen werden durfte.

Die Fastnacht war die einzige Zeit im Jahr, in der man ausgelassen und verrückt sein durfte. 1341 wird der Fastelovend in Köln erstmals erwähnt.

Einzig in der „Fastnacht" durften die Bürger ausgelassen und verrückt sein. Doch weil diese Zeit mehr und mehr ausuferte, wurde 1823 das „Festordnende Comité" aus der Taufe gehoben, das dem Fest einen geregelten Rahmen geben sollte. Seither läuft der Karneval in Köln in geordneten Bahnen ab (hier: Postkarte aus dem Archiv des Rosen-Montags-Divertissementchens von 1861 e.V. aus dem 19 Jahrhundert).

Das Dreigestirn

Was wäre der Kölner Karneval ohne sein Dreigestirn oder das Trifolium, wie es auch genannt wird?

Früher gab es nur einen Held Carneval, der in einem prachtvoll geschmückten Wagen den Höhepunkt des Karneval-Umzuges darstellte. 1823 war er auf dem ersten Rosenmontagszug, der seine Runden auf dem Neumarkt drehte, erstmals dabei. Im Laufe des 19. Jahrhunderts änderte sich das. Aus dem Held wurde der Prinz, ein Karnevalsprinz, der als Fürst der Freude in der närrischen Zeit symbolisch die Stadtregentschaft übernimmt.

Als seine Begleitung gesellten sich bald Bauer und Jungfrau dazu. Die Jungfrau gilt als Symbol für die Uneinnehmbarkeit und Unbesiegbarkeit der Stadt Köln. Auch der Kölner Bauer ist eine Symbolfigur. Neben dem Dreschflegel, dem Handwerkszeug eines echten Bauern, trägt der Kölner Bauer zudem die Stadtschlüssel. Er verkörpert die Wehrhaftigkeit und Unabhängigkeit der Stadt. Diese Bedeutung geht bis ins Mittelalter zurück.

Als 1815 die Preußen die Regierung in Köln übernahmen, sorgten sie dafür, dass das bis dahin wilde und chaotische Treiben im Karneval geordnet wurde. Sie wollten eine bessere Kontrolle über das Geschehen haben. Daher gründeten honorige Kölner Bürger das „Festordnende Comité", das bis heute unter dem Namen „Festkomitee Kölner Karneval" existiert. Eben dieses „Comité" organisierte den ersten Karnevalsumzug, der 1823 auf dem Neumarkt stattfand. Viele Besucher waren von auswärts nach Köln gekommen, um ihn zu sehen. Bereits dieser erste Rosenmontagszug wurde ein großer wirtschaftlicher Erfolg für die Stadt.

Das Kölner Dreigestirn weist eine Besonderheit auf, die nur in dieser Stadt gepflegt wird: Die Jungfrau wird von einem Mann verkörpert. Das änderte sich nur für kurze Zeit, als die Nationalsozialisten an die Macht kamen. Männer in Frauenkleidung passten nicht zu deren Ideologie des arischen männlichen Ideals. Sie verboten kurzerhand die „männlichen Jungfrauen". Bis zum Ausbruch des Krieges stellten Frauen die Jungfrauen des Dreigestirns dar. Nach Kriegsende und dem Ende der nationalsozialistischen Herrschaft wurde die Rolle der Jungfrau wieder von den Männern übernommen.

Aber wie wird man eigentlich Teil eines Dreigestirns? Zunächst lässt sich feststellen, dass es meist „drei Freunde" sind, die sich zusammen bewerben. Das macht durchaus Sinn, wenn man bedenkt, dass sie über einen langen Zeitraum sehr eng miteinander verbunden sind. Die drei müssen einer Karnevalsgesellschaft angehören, die dem Festkomitee angeschlossen ist. Sie schreiben eine richtige Bewerbung mit Lebensläufen,

Zielen und Vorstellungen und ganz wichtig: mit entsprechendem Leumund. Das Festkomitee wählt aus und entscheidet.

Früher betrug die Regentschaft des Dreigestirns genau sechs Tage, nämlich die Zeit von Weiberfastnacht bis Aschermittwoch. Heute haben die drei Männer bereits am 11.11. zum Auftakt der Session ihre erste große öffentliche Vorstellung und damit deutlich mehr Zeit für Sitzungsauftritte und Präsentationen.

Anfang Januar folgt die Proklamation, bei der das Dreigestirn erstmals im vollen Ornat erscheint und vom Stadtoberhaupt feierlich inthronisiert wird. Die aufwändigen festlichen Kostüme sind Vorbildern aus der Renaissancezeit nachempfunden. Besonders eindrucksvoll ist die Kopfbedeckung des Bauern. Unglaubliche 125 Pfauenfedern zieren seinen Hut. Das Gewicht beträgt bis zu fünf Kilogramm.

Während der Proklamation übergibt der Oberbürgermeister oder die Oberbürgermeisterin dem Prinzen die Pritsche, die ihm wie eine Klatsche als symbolisches Züchtigungsinstrument dienen soll und seine vorübergehende Stadtherrschaft begleitet. Der Bauer bekommt die Stadtschlüssel und die Jungfrau einen Spiegel.

Auf prachtvollen, roten Kissen werden dem Dreigestirn die Insignien überreicht: (v.l.n.r.) der Spiegel für die Jungfrau, die Pritsche für den Prinzen und die Stadtschlüssel für den Bauern.

Um die 400 Auftritte hat das Kölner Dreigestirn pro Karnevalssession zu absolvieren.

Bereits eine Woche vor der Proklamation beziehen die drei ihre Hofburg. Seit über 40 Jahren residiert das Dreigestirn im Pullman-Hotel, der offiziellen Hofburg. Verständlicherweise versuchen immer wieder andere Hotels mit verlockenden Angeboten an das Festkomitee diesen prestigeträchtigen Titel „Hofburg des Trifoliums“ zu bekommen. Bisher ohne Erfolg.

Um die 400 Veranstaltungen hat das Dreigestirn in der Session zu absolvieren. Dazu gehören Auftritte bei den verschiedenen Sitzungen, aber auch Besuche von sozialen Einrichtungen wie Altenheime oder Kinderkrankenhäuser. Ständige Begleiter des Dreigestirns sind 15 Gardisten der Prinzen-Garde, der Prinzenführer und drei Adjutanten.

Den Höhepunkt einer jeden Session bildet für das Dreigestirn natürlich der Rosenmontagszug. Bauer und Jungfrau, begleitet von der EhrenGarde, fahren in einem gemeinsamen Wagen. Der Prinz fährt in einem eigenen Wagen am Schluss des Zuges in Begleitung der Prinzen-Garde. Alle drei werden auf dem circa sieben Kilometer langen Zugweg von bis zu 1,5 Millionen Jecken euphorisch gefeiert.

Das Dreigestirn hat in Köln einen besonderen Status, denn der Kölner liebt sein Dreigestirn. Egal, wo es auftaucht, es wird gefeiert, bejubelt, verehrt. Dabei geht es um die Figuren, die Rollen von Prinz, Bauer und Jungfrau. Wer im Kostüm steckt, ist nicht so wichtig. Selbst die Akteure verlieren durchaus hier und da die Distanz zwischen Rolle und Person, fühlen sich als Prinz, Bauer oder Jungfrau. Ein Prinz sagte einmal, dass er mit dem Anziehen des Ornats seine wahre Identität aufgibt und selber nur noch Prinz ist. Und so manchem Prinzen, Bauern oder Jungfrau fiel es nach der Session schwer, wieder in sein Alltagsleben zurückzufinden.

Die Traditionskorps

Auftritt der Roten Funken bei der „Funken-Kostümsitzung en Düx" 2016 im Kristallsaal der Koelnmesse.

Zu den bekanntesten Karnevalsvereinen in der Domstadt gehören die sogenannten Traditionskorps, die historische Soldaten persiflieren. Das älteste von ihnen sind die „Kölsche Funke rut-wieß vun 1823 e.V.". Mit Fug und Recht lässt sich behaupten, dass Karnevalskorps eine echte Kölner Tradition sind.

Die „Roten Funken", wie sie im Volksmund genannt werden, tauchten erstmals 1823 als kleiner zusammengewürfelter Haufen im Rosenmontagszug auf. Ihre „Vorbilder" waren die Kölner Stadtsoldaten aus dem 17. und 18. Jahrhundert, deren Uniformen rot leuchteten. Deshalb wurden diese Stadtsoldaten „Funken" genannt. Und so wie die Karnevalisten den Namen der Stadtsoldaten übernahmen, so orientierten sie sich bei der Gestaltung ihrer Kostüme auch an den historischen Vorbildern.

Bei all dem ist es aber keine Hommage an das Wachpersonal aus früheren Zeiten, sondern eine Persiflage. Denn über diese Stadtsoldaten gibt es keine ruhmreichen Erzählungen. Ganz im Gegenteil. Bekannt sind nur Spöttereien über die einfältigen, unnützen Uniformierten. Sie sollen verwahrlost und des Öfteren auch betrunken gewesen sein. Damit sie überleben konnten, mussten sie sich Geld dazu verdienen. Die einen strickten Strümpfe, die anderen halfen in Haushalten oder hüteten Kinder.

Die Struktur der Roten Funken spiegelt diese Nebenbeschäftigungen der Stadtsoldaten wieder. Die gesamte Traditionsgesellschaft ist in vier Knubbel (Menschenansammlungen) eingeteilt. Der erste Knubbel hat einen Strumpf als Kennzeichen („Streckstrump"), der zweite eine Zwiebel („Öllich"), der dritte einen Kinderkreisel („Dillendopp") und der vierte Knubbel einen Sektkorken („Stoppe"), der darauf hinweisen soll, dass ein Roter Funk durchaus auch gerne einmal etwas Prickelndes trinkt.

Aus den Roten Funken haben sich 1870 die Blauen Funken abgespalten. 1902 folgte die Gründung der EhrenGarde und 1906 die der Prinzen-Garde. Letztere beiden sind die Begleitkorps des Dreigestirns. Zu den ältesten Traditionskorps gehören auch die Altstädter, die seit 1922 existieren und traditionell den Karneval an Wieverfastelovend auf dem Alter Markt beziehungsweise Heumarkt eröffnen. Weitere Traditionskorps sind die KKG Nippeser Bürgerwehr von 1903 e.V., die Bürgergarde „blau-gold" Köln (1904), das Reiter-Korps Jan von Werth (1925) und die KG Treuer Husar Blau-Gelb (1925). Köln zählt derzeit neun Traditionskorps im kölschen Fasteleer.

Sehr aufwändige Uniformen tragen die Mitglieder des Reiterkorps Jan von Werth, das sich in Erinnerung an den Reitergeneral aus dem Dreißigjährigen Krieg gründete. Mit den langen Lederstiefeln, den grünen Wämsern, weiten Umhängen und den braunen gelockten Haaren beziehungsweise Perücken geben sie ein besonders schönes Bild ab.

Jan und Griet

Mitglieder des Reiter-Korps Jan von Werth veranstalten jedes Jahr zu Weiberfastnacht an der Severinstorburg ein Schauspiel, das an die im 19. Jahrhundert entstandene, rührende Geschichte von Jan und Griet erinnert. Demnach soll sich Jan als armer Bauersknecht in die hübsche Griet verliebt haben. Die aber sehnte sich nach einem reicheren Mann. Als Jan viele Jahre später als erfolgreicher Reitergeneral zurück nach Köln kam, sah er Griet als einfache Obstverkäuferin an der Straße stehen. Jan soll zu ihr gesagt haben „Griet, wer et hät jedon", und sie antwortete: „Jan, wer et hät jewoß", was so viel bedeutet wie: „Wenn man das vorher gewusst hätte!"

Das staatse Korps der Prinzen-Garde. Wegen ihren beigen Uniformen werden die Gardisten auch „Mehlsäck" genannt.

Zu einem klassischen Korps gehören Präsidium, Senat, Reitergruppe und das Tanzpaar mit dem Tanzmariechen oder – wie man in Köln sagt – dem Funkenmariechen. Die Korps zeigen über das gesamte Jahr neben ihrer regen Vereinsarbeit auch viel Sozialengagement. Zudem residieren sie meist in denkmalgeschützten historischen Gebäuden in Köln, die sie restaurieren und pflegen. Aus der Kölner Gesellschaft sind die Korps heute nicht mehr wegzudenken.

Während der Session veranstalten sie ihre eigenen Sitzungen und Bälle und besuchen auch mit einer Abordnung des Tanzkorps und ihrem Tanzpaar die Sitzungen anderer Karnevalsgesellschaften. Bei den Auftritten kommt es bei den Roten und Blauen Funken beispielsweise zu dem beliebten Schauspiel des „Stippeföttche". Dabei reiben sich jeweils zwei mit dem Rücken zueinander stehende Funken ihre Hintern aneinander.

Die Karnevalsgesellschaften und die Persiflagen der Korps auf das Militär kamen nicht immer gut an. Sie seien unpatriotisch, so der Vorwurf. Aber auch das genaue Gegenteil wurde ihnen schon vorgeworfen, dass sie zu militaristisch seien. Wer einmal einen „echten" Funken kennengelernt hat, weiß, dass beides nicht der Fall ist. Vielleicht sind die Funken und Gardisten ein bisschen bekloppt, aber auf jeden Fall sind sie vollkommen friedlich und total karnevalsjeck.

Blaue Funken führen mit den „Kollegen" der KG Treuer Husar Blau-Gelb das Stippeföttche vor.

Fastelovend im Veedel und auf der Sitzung

Der Lappenclown ist ein typisches, traditionelles Kölner Karnevalskostüm. Ein kölscher Jeck aus dem Vringsveedel soll sich im 18. Jahrhundert Stofflappen auf seinen Anzug genäht haben und damit in das Karnevalstreiben gezogen sein. Der Lappenclown gehört zu den beliebtesten Kostümen im Kölner Karneval, ist Sinnbild für Fröhlichkeit und Anders-sein-Dürfen. Die Lindenthaler Lappemänner (Foto) ziehen seit 37 Jahren durchs Veedel und läuten den Straßenkarneval ein.

Neben den großen Traditionskorps und großen Karnevalsgesellschaften gibt es viele kleine Vereine, die an einem Stammtisch gegründet wurden und ein Stadtviertel repräsentieren. In Köln haben sich um die 300 Vereine dem Karneval verschrieben. Fast jeder Stadtteil hat eigene Gesellschaften, Veedelsvereine oder Stammtische, in denen Frauen, Männer und Kinder das ganze Jahr über Kostüme nähen, Wagen bauen oder Sitzungen und Feste vorbereiten.

An den sechs Karnevalstagen, von Weiberfastnacht bis Karnevalsdienstag, laufen diese Karnevalsvereine gemeinsam mit den vielen Schulen aus den Veedeln in ihren eigenen Veedelszügen durch ihre Stadtteile, eine besonders schöne Kölner Tradition.

Der kleinste Kölner Karnevalsumzug findet in der Schulze-Delitzsch-Straße in Zollstock statt. Dieser Zug geht einmal die Straße rauf und wieder runter. Drum herum spielen Bands, gibt es Würstchen und Kölsch. Ein Straßenfest der besonderen Art.

Veedelsübergreifend gibt es die großen Schull- un Veedelszöch. Rosenmontagszüge gibt es in vielen Städten, aber die Schull- un Veedelszöch gibt es nur in Köln. Traditionell am Karnevalssonntag ziehen die Kölner Schulen und Veedelsvereine in einem großen Umzug gemeinsam durch die Innenstadt. Bei der Kölner Bevölkerung ist dieser Zug mindestens ebenso beliebt wie der etwas größere Rosenmontagszug.

Originalität, kölsche Lebensfreude, fantasievolle Kostüme, farbenfrohe Ideen, fröhliche Gesichter – in den Schull- und Veedelzöch steckt jedes Jahr aufs Neue genau das, was den kölschen Fastelovend so liebenswert macht (hier: die Gruppe des Heinrich-Mann-Gymnasiums bei den Schullzöch 2012).

Natürlich bestreitet jeder noch so kleine Karnevalsverein auch seine eigene Sitzung, die gerne – und da haben wir wieder den engen Zusammenhang zwischen Kirche und Karneval – in Pfarrsälen abgehalten werden. Kaum eine Kölner Grundschule kommt ohne Karnevalssitzung aus. Da stehen schon die kleinen Pänz auf der Bühne, singen, tanzen, erzählen Witze, und so manch ein Talent wurde hier früh gesichtet.

Alles in allem werden zwischen dem 11.11. und Aschermittwoch über 1000 karnevalistische Veranstaltungen in Köln abgehalten. Dazu gehören Tanzveranstaltungen, Frühschoppen und natürlich die Sitzungen: Herrensitzungen, Damensitzungen, Kindersitzungen, Schulsitzungen, Milieusitzungen, Sitzungen mit und ohne Kostüm. Jede Sitzung ist anders, hat ihre eigene Tradition, ihren eigenen Charakter.

Ähnlich sind lediglich die einzelnen Elemente: Elferrat, Redner beziehungsweise Komödianten, Tanzeinlagen und Auftritte von Musikgruppen. Ein guter, gefragter Redner oder eine beliebte Musikgruppe kommen auf bis zu 250 Auftritte während einer Session, an manchen Abenden gerne mal fünf hintereinander.

Der Jeck geht gerne in einer größeren Gruppe in die Lachende Köln-Arena. Dabei wird in der Gruppe oft ein interessanter Genosse gesichtet, der einen der Plätze belegt: das Zehn-Liter-Kölsch-Fässchen, liebevoll „Pittermännchen" genannt. Es gibt tatsächlich sogenannte Fasskarten zu kaufen. So kann das Pittermännchen auf einem eigenen Sitzplatz platziert werden. Tische gibt es ja nicht. Insider empfehlen deshalb, sich einen Kölschglashalter um den Hals zu hängen, damit man nicht vom Glas in der Hand beim Schunkeln oder Applaudieren behindert wird.

Eine lange Tradition hat die Lachende Köln-Arena, die vormals nach dem anfänglichen Austragungsort benannte Lachende Sporthalle. Und tatsächlich ist das Lachen, die gute Stimmung, das Merkmal dieser Veranstaltung. Über fünf Stunden lang schunkeln und singen tausende von verkleideten Jecken, bis die Tribünen wackeln. Natürlich gibt es

Tanzgruppen (hier: die Kölner Rheinveilchen bei einer Prunksitzung der Prinzen-Garde im Gürzenich im Januar 2016) sind ein fester Bestandteil in den Sitzungsprogrammen des Kölner Karnevals.

auch Elferrat, Garden und Redner, aber die Hauptrolle spielt hier die Musik. Alle großen Karnevalsbands sind mit dabei. Und alle Jecken singen mit. Wer einmal in der Lachenden Köln-Arena war, lässt den Besuch gerne zur Tradition werden und geht jedes Jahr wieder hin.

Zu den vielen Sitzungen, die sich im Laufe der Zeit entwickelt haben und heute ihren festen Platz im Kölner Karnevalskalender haben, gehören auch Sitzungen, die nicht aus orts- oder vereinsgebundener Tradition heraus entstanden sind, sondern aus Interessensgemeinschaften, die dem konventionellen Karneval etwas entgegensetzen wollten. Diese Sitzungen zeigen eine Mischung von politischem Kabarett, Akrobatik, Varieté, Träumerei, rockiger Musik und Party. Von den anfänglichen Berührungsängsten der Alternativen mit den Traditionellen ist heute kaum noch etwas zu spüren. Man besucht sich gegenseitig und zollt sich Respekt. Die Alternativen sind längst selber zur Tradition geworden.

Die Stunksitzung ist die älteste der alternativen Sitzungen. 1984 wurde sie von Studenten der Sozialpädagogik erfunden und auf der Studiobühne präsentiert. Der Erfolg war überraschend und die Begeisterung der Zuschauer so groß, dass die Stunksitzung 1991 in das rechtsrheinische E-Werk in der Schanzenstraße umziehen musste. Hier finden nun jährlich um die 40 Sitzungen statt, auf denen bis zu 45 000 Jecken feiern und schunkeln. Die Sitzungen sind immer ausverkauft. Für die gute Musik sorgt die Hausband Köbes Underground. Die Stunksitzung ist Kult im Kölner Karneval.

Biggi Wanninger, die Präsidentin der Stunksitzung, und Ecki Pieper, der Sänger von Köbes Underground, vor dem Erkennungszeichen der Stunksitzung: dem Anarcho-Stern mit der Narrenkappe.

Präsidöres Anton Kolvenbach (Wolfgang Nagel) hat „dat Rejalt" bei „Höösch – Die Kölsche Milljö-Sitzung im Brauhaus Sion". Das jecke Geschehen der fiktiven „KG Nix im Büggel" sorgt für vill Freud und kölsche Tön.

Die kleine Schwester der Stunksitzung, Fatal banal, gibt es auch schon seit über 25 Jahren. Mit ihrer Hausband Six Jeck spielt sie im Bürgerzentrum Ehrenfeld. Hier ist alles etwas kleiner, auch die Distanz zwischen Publikum und Künstlern, was der Sitzung einen fast familiären Charakter verleiht.

Als schwul-lesbische Karnevalssitzung wurde 1995 die Rosa-Sitzung im Gloria-Theater ins Leben gerufen mit Hella von Sinnen als Präsidentin. Die Rosa Funken und die männlichen Cheerleader Pink Poms waren die Markenzeichen dieser besonderen Sitzung. Bis Anfang der 2000er Jahre war sie ein großer Erfolg. Dann schien das Konzept nicht mehr so viele Anhänger zu begeistern, das Ensemble löste sich auf. Seit 2005 findet jährlich die Röschen-Sitzung als Nachfolgerin der Rosa-Sitzung im Mülheimer Kulturbunker statt.

Mit der Immisitzung wurde das Spektrum der Kölner Karnevalssitzungen um den Multi-Kulti-Faktor erweitert. Die Akteure stammen aus vielen unterschiedlichen Ländern und vermitteln mit viel Witz und Humor, kritischen, scharfzüngigen und auch durchaus selbstkritischen Kommentaren ihren Blick auf den Kölner Karneval sowie auch auf das alltägliche Zusammenleben von Kölnern und Migranten. Die Immisitzung gastiert jährlich im Bürgerhaus Stollwerck.

„Alles op Kölsch" – darauf legen die Macher wert – ist der Grundsatz der ganz speziellen Sitzung „Höösch – Die Kölsche Milljö-Sitzung im Brauhaus Sion". Hier wird auf Sparflamme gekocht, der Präsident trägt eine Kappe aus Papier, der Elferrat besteht aus vier Mitgliedern, und die Musikeinlagen werden von nur einer Quetsch bestritten.

Schließlich gibt es noch die PROTs Sitzung, eine protestantische Karnevalssitzung. Das scheint zunächst ein unauflösbarer Widerspruch zu sein: Karneval und die evangelische Kirche? Den Protestanten früherer Zeiten war Karneval zuwider, gar „ein teuflisches Treiben". Mit ihrer Sitzung beweisen sie, dass sie humorvoll, kabarettistisch und satirisch sein können und bilden damit einen spannenden evangelischen Gegenpunkt zum katholisch geprägten Kölner Karneval.

Die Karnevalsmusik

Musik spielt im Karneval traditionell eine herausragende Rolle. Ohne sie ist Karneval nicht denkbar. Auf allen Sitzungen, in allen Karnevalszügen, bei allen Tanzveranstaltungen sorgen die Musiker für Stimmung.

Und egal ob es mitreißende, schwungvolle Lieder oder leisere, romantischere Töne sind, gesungen wird op Kölsch. Der kölsche Dialekt ist Grundvoraussetzung für alle Karnevalslieder.

Die Liebeserklärung an die Heimat steht ganz oben auf der Themenliste der Kölner Karnevalssongs. Der Kölner Jeck kennt fast alle Texte und singt mit vill Jeföhl lauthals mit. Er schunkelt und umarmt sich und lässt sich kollektiv in eine Mischung aus Sentimentalität, Rührseligkeit und Selbstverliebtheit fallen.

Für den echten Kölner Karnevalisten ist das ein wunderbares Gefühl, für Außenstehende nicht immer so einfach nachzuvollziehen.

Früher waren es eher die einzelnen Sänger, die das Liedgut für den Kölner Karneval komponierten und texteten. Zu ihnen gehörte der unvergessene Willi Ostermann (1876–1936). Er besang die Menschen mit ihren Schwächen und Eigenarten in seinen sogenannten Milieuliedern. Nach dem Zweiten Weltkrieg spiegelten die Lieder Ostermanns Wehmut und Sehnsucht nach den alten Zeiten wider, wie beispielsweise im Lied Och wat wor dat fröher schön doch en Colonia.

Ein anderer großer Kölner Karnevalssänger war Karl Berbuer (1900–1977). Seine Lieder lebten von den kritischen, provokanten und politischen Texten. Sein wohl bekanntestes Lied ist der Trizonesien-Song von 1949, der sich auf die Situation nach dem Zweiten Weltkrieg bezieht, als Deutschland von den Siegermächten in drei Zonen aufgeteilt worden war.

Jupp Schmitz (1901–1991) begann nach dem Zweiten Weltkrieg Karnevalslieder zu schreiben und zu komponieren. Einige seiner Karnevalsschlager gehören bis heute zum Repertoire einer jeden Karnevalsparty, wie beispielsweise Am Aschermittwoch ist alles vorbei.

Zu den Solosängern des Kölner Karnevals gehören auch zwei rothaarige Frauen: Marie-Luise Nikuta (geboren 1938) und Marita Köllner (geboren 1958). Beide standen schon als junge Mädchen auf der Bühne. Marie-Luise Nikuta komponiert traditionell das Mottolied einer jeden Session und Marita Köllner, die viele als *Et fussich Julche* kennen, ist neben ihren Auftritten als Sängerin auch als Moderatorin im Kölner Karneval aktiv.

Willi Ostermann

Heute wird die Musikszene im Karneval überwiegend von Bands bestimmt. Es gibt unglaublich viele, und jedes Jahr kommen neue dazu. Zu den ältesten gehören die Bläck Fööss, die sich 1970 gründeten. Die Band hatte ursprünglich englische Popmusik gemacht und war damit auch bei Karnevalsveranstaltungen aufgetreten. Unter dem Zweitnamen „Bläck Fööss" sangen sie dann ihre ersten kölschen Songs. Ihre äußere Erscheinung, die langen Haare, die Jeans und dann auch noch die nackten Füße (um dem Bandnamen „Bläck" zu entsprechen, was op Kölsch „nackt" heißt) verwirrten die Verantwortlichen des Karnevals genauso wie die elektrischen Instrumente und Verstärker, die sie mit auf die Bühnen brachten. So etwas hatte es im Sitzungskarneval noch nicht gegeben. Aber die Stimmung, die sie verbreiteten, konnte nicht gebremst werden. In der Tradition von Ostermann verstanden sie es prächtig, die kölsche Seele anzusprechen. *Drink doch eine met* war ihr erster großer Hit. Songs wie *Mer losse dr Dom en Kölle* oder *En unsrem Veedel* gehören zu den Klassikern des Kölner Karnevals. Den Wechsel einzelner Musiker hat die Band schadlos überstanden. Die Bläck Fööss sind nach wie vor Stars der Karnevalsszene in Köln.

Bereits zwei Jahre später betraten die Höhner die Karnevalsbühnen. Ihr Lied *Viva Colonia* wird mittlerweile weit über die Grenzen Kölns und des Karnevals hinaus gespielt.

Auftritt der Bläck Fööss bei der „Prinzenproklamation" am 9. Januar 2015 im Kölner Gürzenich.

1990 verknüpften Brings – wie vorher schon BAP – Rockmusik und kölsche Sprache. Ein paar Jahre später schafften sie damit erfolgreich den Umschwung in die Karnevalsmusik und wurden auf den Sitzungen, auch auf denen der etablierten Karnevalsgesellschaften, gefeiert. Mit *Superjeile Zick* rockten sie die Säle.

Schon einige Zeit davor eroberte ein Lied die Herzen der Fans, das bis heute gespielt und vor allem von den Pänz gesungen wird. *Wenn et Trömmelche jeit*, vielfach besungen von den Kolibris, den Räubern und den Rabaue. Im Stil von Brings haben sich seit der Jahrtausendwende immer wieder neue Bands formiert: Cat Ballou (*Et jitt kei Woot*), Klüngelköpp (*Stääne*), Kasalla (*Pirate*) oder Miljö (*Su lang die Leechter noch brenne*), um nur einige zu nennen. Um die 30 Bands beleben heute die Sitzungssäle und Karnevalspartys, alle haben ihre Fans und wetteifern jedes Jahr um den beliebtesten Hit der Session. Vermutlich werden nirgendwo sonst so viele Karnevalslieder in jedem Jahr komponiert wie in Köln. Das ist eine echte Kölner Tradition.

Die Suche nach dem beliebtesten Song der Session hat seit ein paar Jahren einen „Rahmen" bekommen. Es ist ein Musikevent der besonderen Art im Umfeld des Kölner Karnevals: Loss mer singe. Hier werden den Jecken in unterschiedlichen Kneipen die Karnevalslieder der kommenden Session vorgespielt, Texte verteilt und zum Mitsingen aufgefordert. Die Jecken stimmen dann darüber ab, wer den Titel des beliebtesten Karnevalsliedes bekommt.

Bands im Kölner Karneval

Bläck Fööss
Brings
Cat Ballou
Cöllner
Cölln Girls
Colör
De Boore
De Imis
De Vajabunde
De Wanderer
Die Rheinländer
Domhätzjer
Domstürmer
Drei Colonias
Funky Marys
Hanak
Höhner
Klüngelköpp
Kasalla
Kempes Feinest
Kölsche Adler
Kölsche Bengels
Kölsch Fraktion
Kuhl un de Gäng
Labbese
Micky Brühl Band
Miljö
Paveier
Räuber
Papallapap

... und viele weitere mehr

Höhner

Cat Ballou

Kasalla

Der Nubbel

Der Nubbel ist eine bekleidete, menschengroße Puppe aus Stroh, die in der Karnevalszeit über den Kölner Kneipen hängt, um dann, wenn alles vorbei ist, verbrannt zu werden.

Eine ähnliche Tradition gab es früher bei der Kirmes, dem Volksfest rund um einen kirchlichen Feiertag. Da wurde getanzt, getrunken, gefeiert. Als Symbolfigur für den Jahrmarkt mit all seinen Ausschweifungen wurde der „Zacheies" auf dem Festplatz aufgestellt. Am Ende der Kirmeszeit wurde er verbrannt, um den Schluss des quirligen Treibens und des Feierns zu dokumentieren. Manch eine Kirmes pflegt den Brauch noch heute.

Zu Beginn des 19. Jahrhunderts, also zu der Zeit, als der Karneval in Köln durch das „Festordnende Comité" neu organisiert wurde, gab es bereits das Ritual der Beerdigung der Fastnachtszeit im Kölner Karneval. Schon damals mussten Strohpuppen dafür herhalten und wurden verbrannt.

Im Kölner Karneval tauchen ein paar besondere kölsche Begriffe auf. Zum Beispiel der „Nubbel". Tatsächlich wurde das Wort Nubbel schon vor über 200 Jahren in der kölschen Sprache verwendet. Damit bezeichnete man alles, was undefiniert war, wie beispielsweise die Redewendung „Dä es beim Nubbel", was so viel bedeutete wie „Der ist irgendwo" oder „Dat wor der Nubbel" im Sinn von „Das war irgendwer".

Den Brauch der Beerdigungsfeier zum Ende der Karnevalszeit gibt es auch in anderen Städten und Ländern wie in den südeuropäischen Staaten oder im Nachbarland Belgien. Teilweise werden dort ganz schauerliche Hinrichtungen vorgeführt und vollzogen. Allen diesen Ritualen, ob dem Verbrennen des Zacheies auf der Kirmes oder dem Ertränken, Aufhängen oder Verbrennen von Strohpuppen unterschiedlichen Namens in den verschiedensten Regionen zum Ende des Karnevals, allen ist gemeinsam, dass eine Figur den Sündenbock für die Gemeinschaft spielt.

Die Idee vom Einzelnen, dem die Sünden der anderen übertragen und aufgebürdet werden, ist ein alter Mythos, der in vielen Religionen auf die unterschiedlichste Art ritualisiert wird. Dahinter steckt der Gedanke, dass mit einem Opfer die Sünden der Gemeinschaft beglichen werden können. Die Nubbelverbrennung ist die rheinische Variante dieses Reue-Rituals und seit den 1980er Jahren wieder eine feste Tradition im Kölner Karneval.

Am Abend des Karnevalsdienstags wird der Nubbel in einem kleinen Umzug, begleitet von Schmerzensgesängen und Wehklagen, brennenden Kerzen und leisen Trommelschlägen einmal um den Häuserblock getragen, um dann auf einem Scheiterhaufen ver-

Jecke verbrennen den Nubbel.

brannt zu werden. Doch bevor der Nubbel zu Asche verbrennt, muss er sich noch so einiges anhören. Ihm wird eine Klageschrift vorgelesen, und der Ankläger, oft ein als Geistlicher verkleideter Karnevalsjeck, wirft dem Nubbel vor, an allen möglichen Vergehen schuld zu sein, die während der Karnevalszeit von den Jecken begangen wurden. Diese besondere Art der Anklage verläuft als Frage-Antwort-Ritual.

Der Ankläger fragt die Menge zum Beispiel: „Wer ist schuld daran, dass wir unser ganzes Geld versoffen haben?“ oder „Wer ist schuld, dass wir fremd gegangen sind?" Die Menge antwortet: „Dat wor der Nubbel!“, „Der Nubbel ist dat schuld!“ oder „Er soll brennen, der Nubbel!“

Und dann wird der Nubbel verbrannt und mit ihm alle Schuld, alles Vergehen, alle Sünden, die über die Karnevalszeit begangen worden sind.

So oder so ähnlich kann die Nubbelverbrennung ablaufen. Es gibt keine festen Regeln und viele Varianten. Entscheidend ist, dass niemand für die Vergehen an den Karnevalstagen verantwortlich gemacht werden kann, da ja der Nubbel an allem schuld ist. Und der ist anonym, ein Irgendwer, ein Niemand – eben der Nubbel!

Nach diesem Ritual ist der drastische Wechsel von der Ausgelassenheit und dem Ausnahmezustand während der Karnevalstage zum normalen Alltag leichter und ohne schlechtes Gewissen zu bewältigen. Am Aschermittwoch ist dann tatsächlich alles vorbei, vergessen und vergeben!

Und woher stammt der traditionelle kölsche Ausruf an Karneval „Alaaf“? Das Wort Alaaf ist aus „all af“ entstanden. Das bedeutet: alles andere weg. Man könnte also Kölle Alaaf so übersetzen: Köln und sonst nichts!
Schauen wir noch auf den „Rusemondaach“, einen Begriff, der überregional Verwendung findet. Aber woher kommen eigentlich die Rosen im Rosenmontag? Damit sind keine Blömcher gemeint. Rosen stammt hier von dem alten Wort rasen oder toben ab. Der Rosenmontag war der Tag, an dem die Menschen rasend waren, verrückt oder raderdoll.

„Der Kölner Karneval ist ein sehr sozialer Karneval"

Im Gespräch mit Rosenmontagszugleiter Christoph Kuckelkorn

Christoph Kuckelkorn begrüßt mich in seinem Bestattungsunternehmen im Friesenviertel. Auf den Schaufenstern steht geschrieben, dass es den Familienbetrieb schon seit über 125 Jahren gibt. Es steht dort nicht, dass die Kuckelkorns seit Generationen auch Mitglieder der Blauen Funken sind.

„In meiner Familie wird man Blauer Funk", wird er mir später noch stolz berichten. Und so kam es auch, dass der jetzige Chef eine der wichtigsten Positionen im Kölner Karneval innehat: Er ist Vizepräsident im Festkomitee Kölner Karneval und Zugleiter des Rosenmontagszuges.

Christoph Kuckelkorn strahlt eine große Souveränität und Gelassenheit aus, gleichzeitig wirkt er sehr präsent und dynamisch. Ich frage ihn nach der ungewöhnlichen Kombination, gleichzeitig Bestatter und Karnevalist zu sein. Seine Antwort ist so einfach wie überzeugend: *„Dadurch, dass ich mit dem Tod jeden Tag konfrontiert bin, lebe ich vielleicht viel intensiver als andere Menschen."*

Sein *„Lebenshunger"*, wie er es beschreibt, entsteht dadurch, dass er die Endlichkeit ständig vor Augen hat und es eben keine Garantie für morgen gibt. Er möchte sich nicht irgendwann vorwerfen, etwas aufgeschoben oder verpasst zu haben, getreu dem Motto *„Carpe diem!"* Außerdem sieht er viele Gemeinsamkeiten bei seinen beiden Aktivitäten als Bestatter und Zugleiter.

„Als Karnevalsfunktionär und Organisator mache ich nichts anderes als in meinem Beruf. Ich organisiere eine emotionale Festivität. Ob die Beerdigung heißt, ob das eine Hochzeit ist, ob das der Karneval ist, was spielt das für eine Rolle? Es geht um Abläufe, Dramaturgie, Emotionen, perfekte Organisation, da darf nichts schief gehen."

Der einzige Unterschied sei, dass eine Bestattung unter einem enormen Zeitdruck geplant werden muss, der Rosenmontagszug dagegen eine Vorplanung von zwei Jahren hat. Bei aller Pragmatik kann er durchaus verstehen, dass es für einen Außenstehenden schon *„etwas krank wirken kann"*.

„Da haben Sie vormittags ein Kind beerdigt und sind mit den Eltern durch die Hölle gegangen, abends sind Sie auf der Fernsehsitzung und müssen Ihr Stück spielen."

Grundsätzlich aber empfindet er dieses Wechselbad der Emotionen als Bereicherung. Und wenn er mal die Seele baumeln lassen möchte, dann fährt er Motorrad.

Christoph Kuckelkorn

Als Zugleiter hat Christoph Kuckelkorn viele Aufgaben und viel Verantwortung. Da geht es neben der aufwändigen Organisation auch um das Inhaltliche. Er wählt die Themen der Wagen aus und sucht dann dafür die passenden Vereine.

Dabei hilft ihm seine Erfahrung: *„Der eine Präsident ist auf Öffentlichkeit aus, mag Provokationen, der nächste mag es etwas schlüpfriger, der übernächste möchte etwas Kölsches haben, und so weiß man immer schon ein bisschen, welche Themen zu welchen Gesellschaften gut passen."*

Sein Herz schlägt im Besonderen für die kleinen Karnevalsvereine, die im Rosenmontagszug mitgehen. *„Für die Mitglieder eines kleinen Vereins bedeutet die Teilnahme am Rosenmontagszug, dass sie auf ihren Sommerurlaub verzichten, das dadurch gesparte Geld nehmen, tonnenweise Schokolade kaufen, dann an Karneval durch die Stadt fahren und das Geld verschenken, indem sie die Schokolade in die Menschenmenge schmeißen."* Das sei für Nichtkölner kaum nachvollziehbar. *„Diese Form des Karnevalszuges, bei dem den Menschen etwas geschenkt wird, ist weltweit einmalig."*

Christoph Kuckelkorn erzählt das mit viel Leidenschaft und Engagement. Ich verstehe, was diesen Mann begeistert und antreibt. Sein Interesse gilt der Funktion und der Bedeutung des Karnevals für die Menschen und für die Stadt.

Ein riesiger Tross aus den rot-weißen Uniformen der Roten Funken zieht am Rosenmontag durch die Kölner Innenstadt.

1. KÖLNER KLÜNGELKONGRESS

„Der Kölner Karneval ist ein sehr sozialer Karneval", erklärt er mir. Die vielen Spenden für soziale Projekte, die vielen Sitzungen in Kinder- oder Altenheimen oder für Menschen mit Behinderungen – das berührt ihn.

Und das Besondere am Kölner Karneval sei die enge Verflechtung in der breiten Bevölkerung, einem sehr *„feieraffinen Volk"*, wie er es nennt.

Er beschreibt das so: *„Da wird an Weiberfastnacht in der Sparkassenfiliale gesungen und getanzt. Es wird in der Bäckerei gefeiert, in den Schulen, in den Betrieben, in den Altenheimen. Überall, jeder mit jedem. Diese Durchdringung, dass die ganze Bevölkerung – jeder in seinem Kreis – Karneval feiert, gibt es weltweit nicht noch einmal."*

Der Karneval habe eine ganz hohe soziale Kompetenz in Köln und sei der *„Schmierstoff für das typische kölsche Gefühl"*. Am Beispiel der Blauen Funken erläutert er mir, wie er das meint: *„Wenn bei den Blauen Funken die Männer in ihren Uniformen zusammenkommen und einen schönen Abend haben, dann spielt es keine Rolle, was sie im wirklichen Leben sind, dann sind alle gleich."*

Das sei typisch kölsch, dass Menschen mit wesentlich weniger Vorbehalten aufeinander zugehen. *„Man begegnet sich im Kneipenkarneval, egal wer oder was man ist, es wird zusammen gefeiert."* In anderen Städten seien die Karnevalisten mehr unter sich. Menschen kennenzulernen, bezeichnet er als einen besonderen Wert des Karnevals. Ich spüre, wie wichtig ihm dies ist.

„Es ist so schön, dass wir eine fest definierte Auszeit haben. Karneval ist Alpha und Omega. Ein Karnevalszug außerhalb der Zeit von Aschermittwoch und der Proklamation wäre in Köln nicht möglich", sagt Christoph Kuckelkorn.

Wir kommen noch einmal auf den Rosenmontagszug zu sprechen. Noch ist die schwierige Entscheidung aus dem Jahr 2016 präsent, ob der Zug trotz Unwetterwarnungen laufen sollte oder nicht.

„Ein Karnevalszug außerhalb der Zeit von Aschermittwoch und der Proklamation wäre in Köln nicht möglich", sagt er. *„Das gäbe es in Köln nicht."*

Aber Christoph Kuckelkorn und sein Team waren nicht unvorbereitet. Der Krisenstab wägte ab.*„Wir haben ein mehr oder weniger gestaffeltes System, wo wir festgelegt haben, was wir bei welcher Wetterlage zu tun haben. Der Zug wird dann kleiner, er wird Stück für Stück abgespeckt."*

Es wird alles versucht, dass zumindest ein kleiner Zug laufen kann. Denn woran der normale Jeck nicht unbedingt denkt: Eine so große Veranstaltung abzusagen, kann auch gefährlich werden! *„Wenn man plötzlich eineinhalb Millionen Menschen ziellos in der Stadt rumlaufen hat, ist das nicht lustig für die Polizei. Da haben Sie in der Stadt ein Chaos. Genau deshalb wurde auch der erste Rosenmontagszug 1823 auf dem Neumarkt vom Festordnenden Comité organisiert, um das Chaos zu ordnen"*, erinnert er an die Premiere des Zugs und schließt stolz und zufrieden: *„Der Karnevalszug ist eine Erfindung aus Köln."*

Und das Festkomitee von heute ist für ihn wie ein „Gralshüter". *„Wir schützen und fördern den ehrenamtlichen Karneval, damit er weiterlebt."*

Gerne lädt Christoph Kuckelkorn Prominente auf seinen Wagen im Rosenmontagszug ein. „Seine Promis" sind für ihn Botschafter des Karnevals. Er überlegt, wer dem Karneval gut tut, wer es vielleicht einfach verdient hat. Auf jeden Fall ist es eine große Ehre, Gast auf dem Wagen des Zugleiters zu sein – ähnlich wie die Einladung, bei der Mülheimer Gottestracht auf dem Sakramentsschiff mitzufahren.

Er unterstützt gerne die Musikszene und bietet jungen Bands die Möglichkeit, auf einem eigenen Wagen dabei zu sein und vor einem Millionenpublikum ihre Musik zu spielen. Er erinnert sich daran, wie direkt hinter ihm die Band Kasalla fuhr und er geschätzte einhundertmal während des gesamten Zugweges deren Hit *Pirate* hören „musste".

Schließlich reden wir noch über den „Nubbel". Seine Augen leuchten. *„Ich finde den Nubbel unwahrscheinlich reizvoll."* Die Nubbelverbrennung ist in seinen Augen auch deshalb so wichtig und bedeutend, weil sie das Ende der Karnevalszeit markiert.

„Es ist so schön, dass wir eine fest definierte Auszeit haben. Karneval ist Alpha und Omega. Wir machen einen Eröffnungsgottesdienst im Dom in der ersten Januarwoche – da beginnt der Karneval. Und am Aschermittwoch hört er auf."

Irgendwie wundert es mich nicht, dass den Bestatter und Karnevalisten Christoph Kuckelkorn der Nubbel und dessen Schicksal besonders faszinieren.

Drittes „K"

Die Tradition der kölschen Sproch

Der Kölner Dialekt gehört zu den ganz wichtigen Traditionen dieser Stadt. Er ist das Markenzeichen für Köln. Ein Dialekt trägt mit zur Identifikation bei und erhöht die Bindung zur Vaterstadt. So ist es natürlich auch in Köln. Und der Kölner liebt seinen Dialekt!

Der kölsche Dialekt

So bunt wie die über 2000-jährige Geschichte Kölns, so vielfältig sind auch die Einflüsse auf die Sprache.

In früheren Zeiten lässt sich eine eigene Sprachentwicklung im Rheinland beobachten, die sowohl durch lateinische als auch germanische Elemente geprägt war. Da gab es noch keine stadtspezifischen Dialekte. Ein eigener, spezieller kölscher Dialekt scheint sich seit dem 17. Jahrhundert entwickelt zu haben. Er ist über die Zeit zu einem festen Bestandteil der Kölner Lebensweise und des Kölner Lebensgefühls geworden.

Zuerst unter der Herrschaft der Franzosen und dann später unter dem Einfluss der Preußen wurde die kölsche Mundart bewusst verwendet – auch um die Eigenständigkeit und geistige Unabhängig gegenüber den „Besatzern" zu pflegen und zu demonstrieren. Dabei hinterließen gerade die Franzosen einige Wörter, die bis heute das Kölsche prägen. So wurden zum Beispiel die französischen Wörter *tete* zu *Dääz* (= Kopf), *trottoir* zu *Trottewar* (= Bürgersteig) oder *plumeau* zu *Plümmo* (= Federbett).

Der kölsche Dialekt ist ein Kulturgut der Stadt. Er tritt in Karnevalsliedern auf, wird im Theater gesprochen, und bereits 1877 erschien ein erstes Wörterbuch der Kölner Mundart.

Grundsätzlich verlieren allerdings Dialekte immer mehr an Bedeutung. In den Schulen wird in Hochdeutsch unterrichtet, und in den Medien ist Hochdeutsch die Sprache der Vermittlung und Kommunikation. Die Tradition des Dialektsprechens stirbt langsam

Dialekt

Das Wort Dialekt kommt vom griechischen dialectos und bedeutet ursprünglich Gespräch, Redeweise, Sprache. Aus dem Miteinandersprechen hat sich die Mundart entwickelt, die spezifische, an einen Ort gebundene Kommunikation und Ausdrucksweise. Eine eigene Betonung, eigene Wörter, ja sogar eine eigene Grammatik machen die Mundart, den Dialekt zu einem lokalen Sprachphänomen, das außerhalb der Region häufig kaum verstanden wird.

Hochdeutsch gilt allgemein als hochwertiger, während der Dialekt als Sprache der Straße und der einfacheren Menschen betrachtet wird. Aber wie Johann Wolfgang von Goethe schon sagte: „Jede Region liebt ihren Dialekt, sei er doch eigentlich das Element, in welchem diese Seele ihren Atem schöpfe."

aus. Schätzungsweise verlieren pro Generation circa zehn Prozent der Menschen den typischen lokalen Wortschatz. Darum gibt es mittlerweile auch die verschiedensten Institutionen, die die Mundart wieder mehr pflegen und sie damit vor dem Aussterben bewahren wollen.

Ein Dialekt wird grundsätzlich mehr gesprochen als geschrieben. Letztlich schreibt jeder, der mit der kölschen Sprache zu tun hat, seine Texte, ob Liedtexte, Theatertexte oder Prosa, nach seiner persönlichen Vorstellung von Kölsch, so wie er will und denkt, dass es sein könnte. Man orientiert sich an der Aussprache des jeweiligen Wortes und versucht durch die Schreibweise dem Klangbild nahezukommen.

Um den kölschen Dialekt zu bewahren, engagiert sich die „Akademie för uns kölsche Sproch" unter anderem in den Schulen. Hier werden Kölsch-AGs angeboten, in denen die Kinder Kölsch erlernen können, was sie früher in den Familien oder auf der Straße ganz automatisch taten. Das Angebot der Akademie ist groß. Sie stellt Literatur zur kölschen Mundart vor, erläutert Grammatikalisches, bietet Seminare und Veranstaltungen an, veröffentlicht Liedersammlungen und Wörterbücher.

Selbst wenn es natürlich auch in Köln immer weniger Leute gibt, die den urkölschen Dialekt beherrschen, so scheint die Mundart hier doch noch mehr verbreitet zu sein als in anderen Städten. Ja, sie ist etabliert, wird gepflegt, bewahrt und geschätzt.

In Köln hat sich die „Akademie för uns kölsche Sproch", eine Stiftung der Sparkasse Köln-Bonn, dieses Problems angenommen. Wer spricht heute noch kölsch, wann tut man das und bei welchen Gelegenheiten? Wie und wo hat man es gelernt? Gibt es das eine, reine Kölsch (hier ist die Sprache, nicht das Getränk gemeint)? Mit all diesen Fragen beschäftigt sich die Akademie, die sich den Erhalt des Dialektes zum Ziel gesetzt hat. Die Stiftung hat auch ein Wörterbuch herausgebracht, aber hierbei handelt es sich lediglich um Vorschläge für kölsche Schreibweisen.

Im Stadtbild und Stadtleben stößt man an vielen Orten auf die kölsche Mundart, allen voran im Kölner Karneval und dem breiten Angebot an kölscher Musik. Dazu gehören natürlich auch die Kölsch-Rocker von BAP, die als erste deutsche Rock-Band im Dialekt gesungen haben und damit in ganz Deutschland und dem deutschsprachigen Ausland erfolgreich sind. Kölsch ist in Deutschland ziemlich gut bekannt, auch weil bereits 1953 ein Bühnenstück aus dem Millowitsch-Theater, *Der Etappenhase*, vom damaligen NWDR im Fernsehen übertagen wurde – Live!

Die kölsche Sproch hat ganz gute Chancen, auch in den nächsten Generationen noch gesprochen und verstanden zu werden. Zumindest tut man in Köln viel dafür!

Willy Millowitsch

Einer der bekanntesten Vertreter der kölschen Sproch war Willy Millowitsch. Im Jahr 2013 wurde das Gertrudenplätzchen (Ecke Breite Straße/Gertrudenstraße) in Willy-Millowitsch-Platz umbenannt. Dorthin versetzte man dann auch im April 2014 das Willy-Millowitsch-Denkmal vom Eisenmarkt. Der „Kölsche Jung" starb am 20. September 1999 im Alter von 90 Jahren an Herzversagen. Er wurde auf dem Melaten-Friedhof in Köln beigesetzt.

Kölsche Grammatik und kölsche Vokabeln

Berühmt ist die Sprachmelodie der Kölner. Fremde erkennen den Kölner Dialekt meist an seinem Singsang. Damit die Sprache besonders flüssig von den Lippen geht, fügt der Kölner gerne ein *e* ein, wie beispielsweise bei *erop, erunger, eraf*, was so viel bedeutet wie *hinauf, hinunter und herab.* Das funktioniert auch bei der höflichen Ansprache: *Seien Sie so gut*, die er mit *Sid esu joot* ersetzt. Beim Prädikat wählt der Kölner gerne die Verlaufsform, die sich dann so anhört: *Ich ben am schlofe.* Auch das kleine Wörtchen *dat* ist ein typisches Erkennungsmerkmal für Fremde, dass sie es mit einem Kölner zu tun haben. Es kann als Personalpronomen für alle Formen eingesetzt werden.

Überhaupt liebt der Kölner Vereinfachungen. Aus *Loss mer, Lass uns,* kann auch schon mal *lommer* werden. Gerne „verschluckt" der Kölner in der Aussprache auch Konsonanten. So gibt es das Beispiel eines Wortes mit drei „t", die im Kölschen nicht gesprochen oder durch andere Konsonanten ersetzt werden: Aus *Hauptpostamt* wird *Hauppossamp.*

Auch verzichtet der Kölner gerne vollends komplett auf den zweiten Fall, den Genitiv. Wie schon Konrad Beikircher so wunderbar herausgestellt hat, reicht dem Kölner der Dativ mit Possessivpronomen wie *sing, ming, däm.* Hier ein klassischer *Satz,* der das gesamte Ausmaß der kölschen Grammatik zusammenfasst: *Däm Papp singe Hungk am Stätz am trecke* (= *Vaters Hund am Schwanz ziehen*).

Und es kam der Tag, an dem Gott unter den Menschen die Dialekte verteilte. Alle gingen sie glücklich und zufrieden mit ihrem Dialekt nach Hause, der Bayer, der Sachse, der Schwabe, der Berliner usw. Nur der Kölner stand traurig und mit einem Tränchen in den Augen alleine noch vor Gott: „Hast Du denn keinen Dialekt für mich?" fragte er. Da lächelte der liebe Gott milde und sagte: „Ach, leeve Jung, dann sschwadst do alt esu wie isch."

Viele Vokabeln aus dem Kölschen haben nur wenig mit dem Hochdeutschen gemeinsam. Da ist, wer *nervös* ist, *iggelich*, wer *nackt* ist, *bläck* und wer *rothaarig* ist, einfach *fussich.*

Ein *Flirt* ist ein *Fisternöllche* und wer *Faxen macht* oder *sich anstellt*, macht op Kölsch *Fisematentcher.* Wer *verrückt* ist, ist *jeck*, wer *unterwegs* ist, ist *op jöck*, wer *Streit* hat, hat *Knies* und was *weg* ist, is *fott. Weinen* ist *kriesche, küssen* ist *bütze.*

Für manche hochdeutschen Begriffe kennt der Kölner gleich mehrere Wörter, wie beispielsweise für den *Dummkopf.* Der kann in Köln *Blötschkopp, Doll, Jeck* oder *Tünnes* genannt werden. Wer *viel redet*, ist *ein Schwadlappe* und wer *geizig* ist, ist ein *Kniesbüggel.* Wenn ein Kölner *Schmerzen* hat, dann hat er *Ping*, wenn er *Stress* hat, hat er *Brassel* und wenn er eine *Liebesaffäre* hat, dann ist das ein *Krösje* oder ein *Fisternöll.*

Die Kölner *Vetternwirtschaft* ist bekannt als *Klüngel,* einen *Wahlkölner* bezeichnet man als *Imi.* Ein *Regenschirm* ist ein *Paraplü* und der *Po* das *Föttche.* Ein *Brunnen* heißt *Pütz,* ein *Akkordeon* ist en *Quetschkommod,* ein *Quetschebüggel* oder nur kurz *Quetsch,* eine *Delle* nennt man *Blötsch,* eine *Verdickung* oder eine *Ansammlung Knubbel* und ein *Stadtviertel* heißt in Köln *Veedel.*

Redet ein Kölner, dann *klaaft* und *schwad* er, *erzählt* er, dann *verzällt* er und wenn er *kommt,* dann *kütt* er. Macht er *etwas aus dem Stegreif,* macht er es *us der Lamäng.* Alles was *schief, nicht richtig* ist oder etwas *suspekt* vorkommt, nennt der Kölner *schäl.*

Wenn der Kölner sagt *Leck mich am Aasch,* bedeutet das so viel wie: *Das erstaunt mich, das hätte ich nicht gedacht* und ist durchaus respektvoll gemeint.

Die Pflege der Mundart mit Theater und Musik

Es gibt eine ganze Reihe von Theatern in Köln, die die kölsche Mundart pflegen. Allen voran das Hänneschen-Theater. Im Jahr 1802 fragte ein gewisser Johann Christoph Winters beim Kölner Rat nach, ob er ein festes Puppenspieltheater in der Stadt gründen dürfte. Er spielte mit Stockpuppen, die nur den rechten Arm bewegen konnten.

Die Hauptfiguren sind Hänneschen und Bärbelchen, ihre Großeltern Bestemo und Besteva. Außerdem gibt es da noch einen etwas dummen, tölpelhaften Kerl mit einer dicken Nase, roten Haaren und einem blauen Kittel mit Namen Tünnes, seinen kongenialen Partner Schäl (stets korrekt gekleidet, dünn und groß) sowie einen kleinen Mann, der beim Reden immer spuckt, genannt Speimanes. Mit dem Schutzmann Schnäuzerkowski nahm Winters die französischen Soldaten auf den Arm. Später – unter den Preußen – spiegelte der Schutzmann die preußischen Eigenarten wieder. Bis heute ist das Hänneschen-Theater ein Traditions-Spielort, an dem ausschließlich kölsch gesprochen wird.

In den vierziger Jahren des 19. Jahrhunderts tauchte ein gewisser Millowitsch in Köln-Deutz auf, der dort ebenfalls als Puppenspieler sein Glück suchte. Doch gegen Winters konnte er sich nicht durchsetzen und eröffnete darum kurze Zeit später ein Theater, in dem nun reale Menschen spielten. Daraus entwickelte sich das Volkstheater Millowitsch, das unter dem „Regiment" von Willy Millowitsch (1909 – 1999) große Erfolge feierte. Bis heute werden im Theater an der Aachener Straße, das jetzt „Volksbühne am Rudolfplatz" heißt, Stücke in kölscher Mundart gespielt. Der jetzige Leiter ist Peter Millowitsch, der Sohn von Willy.

Bis heute ist das Hänneschen-Theater ein Traditions-Spielort, an dem ausschließlich kölsch gesprochen wird.

Wie lange es das „Millowitsch-Theater" allerdings noch geben wird, scheint fraglich, nachdem der WDR entschieden hat, keine Millowitsch-Stücke mehr zu senden. Damit fehlt dem privaten Theater, das keine öffentlichen Zuschüsse bekommt, eine wichtige Einnahmequelle.

Auf der oben erwähnten Volksbühne spielt auch regelmäßig die „Kumede", die Theatergruppe des Heimatverein Alt-Köln e.V., der 1902 gegründet wurde. Der Name „Kumede" wurde von Komödie abgeleitet. Die Laienschauspieler führen klassische Theaterstücke auf, die sie in die kölsche Mundart transferiert haben.

Aus der Kumede ist der „Altermarktspielkreis" hervorgegangen. Auch das ist eine Amateurtheatervereinigung, die ausschließlich Theater in Mundart spielt. Erstmals trat der Altermarktspielkreis 1950 in Erscheinung, damals noch in den Trümmern des Zweiten Weltkriegs auf dem Alter Markt. Zum Repertoire gehören neben volkstümlichen Stücken auch kölsches Kabarett, und es gab sogar einmal ein „kölsches Passionsspill". Sowohl die Kumede als auch der Altermarktspielkreis waren schon das ein oder andere Mal ein Sprungbrett für Schauspieler, die später im Volkstheatersujet erfolgreich wurden.

Bereits seit 1874 trägt das „Divertissementchen" zur Belustigung der Kölner bei. Das Wort stammt aus dem französischen „divertissement", was so viel heißt wie „Belustigung". Im Divertissementchen führen während der Karnevalszeit die Mitglieder des Kölner Männer-Gesang-Vereins (Cäcilia Wolkenburg) alljährlich ein Theaterspiel auf, mit einem Mix aus Operette, Theater und Volksbühne. Zeitgenössische lokale Themen werden dabei in kölscher Sprache persifliert.

Zur kölschen Theaterszene gehörten auch Trude Herr (1927-1991) und Walter Bockmayer (1948-2014).

Trude Herr trat des Öfteren an der Seite von Willy Millowitsch auf, zunächst in kleinen Nebenrollen am Millowitsch-Theater, später dann auch in Fernsehfilmen. Sie mimte die „urkölsche Ulknudel", war kräftig gebaut und geizte nicht mit derben Sprüchen in feinstem kölschen Dialekt. Trude Herr war aber nicht nur Schauspielerin, sondern auch Theaterdirektorin und Schlagersängerin. Außerdem war sie zur Karnevalszeit als Büttenrednerin erfolgreich und beliebt.

In den sechziger Jahren wirkte sie in vielen deutschen Fernsehfilmen, Musikfilmen und im Schlagergeschäft mit. 1977 eröffnete sie in der Severinstraße ihr eigenes Theater, das Volkstheater im Vringsveedel. Da wurden kölsche Stücke gespielt, voller Humor und Sentimentalität, voller halbseidener Anspielungen und mit derben bis vulgären Aussprüchen.

Vor allem zwei Lieder von ihr werden uns in Erinnerung bleiben. Ihr erster großer Hit von 1958 „Ich will keine Schokolade, ich will lieber einen Mann" und ihr letzter großer Hit „Niemals geht man so ganz" von 1987. Den letzteren hatte sie in Begleitung von Tommy Engel und Wolfgang Niedecken gesungen, bevor sie Köln verließ und auf die

Fidschi-Inseln verschwand. Dieses Lied wird auf unzähligen Beerdigungen in Köln gespielt, wie eine kölsche Hymne auf die lieben Verstorbenen.

Schräg und von Zeit zu Zeit auch reichlich derbe waren stets die Inszenierungen von Walter Bockmayer. Der Filmemacher und Regisseur eröffnete nacheinander das Theater in der Filmdose, dann das Kaiserhof-Theater und schließlich das kölsche Lustspielhaus im Scala-Theater am Ring. Mit dem Erfolgsstück „Die Geierwally", das über viele Jahre in der Filmdose aufgeführt und auch verfilmt wurde, gelang Bockmayer das Paradestück zur Identifikation der Schwulen- und Lesbenszene.

Bockmayers Stücke waren gerne im Kölner Milieu angesiedelt und wurden stets op Kölsch gespielt. Unter seiner Regie agierten unter anderem Hella von Sinnen, Dirk Bach, Ralph Morgenstern und Veronica Ferres. Sie alle waren bis dahin relativ unbekannt und starteten hier ihre Karrieren. Auch die Nichte von Trude Herr, Gigi Herr, feierte ihre Erfolge bei Bockmayer und gehörte zum festen Ensemble dieser witzigen, skurrilen Theatergruppe.

Die Pflege des kölschen Dialekts findet natürlich auch in der Musik statt. Neben den Karnevalsbands und den kölschen Rockbands, von denen schon die Rede war, gibt es Sänger und Musiker, die die kölsche Sprache regelrecht zelebrieren. Zu ihnen gehören unter anderem Gerd Köster und Frank Hocker. Sie singen in ihren Liedern gerne über Geschichten aus dem Alltag und über alles Menschliche und Allzumenschliche.

Und schließlich gibt es neben kölschen Theatern und kölschen Musikern noch die Mundart-Autoren in und aus Köln. Zu ihnen gehört Elfi Steickmann, die ihre humorvollen und einfühlsamen Geschichten und Gedichte in schönstem Kölsch veröffentlicht.

Ein „Krätzje" erzählt op Kölsch etwas Lustiges us däm Levve

Mit dem kölschen Begriff „Krätzje" wird die heitere, amüsante Wiedergabe und Erzählung einer lustigen Begebenheit oder eines Ereignisses op Kölsch bezeichnet. Man berichtet quasi über einen Schwank aus dem Leben.

Ein Krätzje kann durchaus derbe, ironisch und hintersinnig sein. Es wird oft als Sprechgesang dargeboten, und meistens nur sparsam instrumentiert. Typische Krätzjer werden langsam und gedehnt vorgetragen, mit sehr bewusst gesetzten Pausen, damit das Publikum den Ausführungen folgen und Pointen und Hintersinniges verstehen kann.

Ein Paradebeispiel aus der jüngeren Geschichte des Kölner Karnevals ist das Colonia Duett: Zwei vollkommen unterschiedliche Charaktere erzählen und singen Geschichten aus dem Leben – Krätzje.

„Kölsch zu lesen ist eine Sache, Kölsch zu hören eine andere. Die meisten bevorzugen das letztere."

Im Gespräch mit der Kölner Mundart-Autorin Elfi Steickmann

Hier lebt eine lebenslustige, phantasievolle Frau – das spürt man sofort, wenn man die Wohnung betritt. Und genauso verläuft auch das Gespräch. Teils recht persönlich, teils sehr humorvoll, teils überraschend.

Elfi Steickmann

Elfi Steickmann schreibt Geschichten und Gedichte im kölschen Dialekt. Ich frage sie, wie sie dazu kam.

„Angefangen hat alles mit meinem Sohn", erzählt sie mir. Als der noch in der Schule war, schrieb sie kleine Begebenheiten aus dem Leben einer Mutter auf. Und irgendwann kam der Augenblick, da wollte sie eine Geschichte erzählen und merkte, dass sie das viel besser in Kölsch ausdrücken konnte. *„Da habe ich in Kölsch geschrieben, weil ich in Hochdeutsch nicht parat kam."*

Im Dialekt fühlte sie sich zuhause. Schon als Kind sang sie mit ihrer Schwester kölsche Lieder. Auch wenn das damals eher verpönt war, galt Kölsch doch als Sprache der Einfachen und Ungebildeten.

Elfi Steickmann ist in Köln-Lindenthal geboren, die Eltern kamen beide aus dem Vringsveedel, sie selbst wuchs in Deutz und Poll auf. Sie ist also eine echte Kölnerin, ein echtes kölsches Mädchen. Sie sagt, sie habe Kölsch nie richtig gelernt, aber sie hat sich immer mehr und immer intensiver damit beschäftigt.

Sie hat den Anspruch an sich selbst, dass in ihren Büchern die Schreibweise korrekt ist. *„Wenn man was veröffentlichen will, kann man das nicht machen, wie man Lust oder Laune hat"*, sagt sie. Letzte Instanz ist dabei für sie das Kölsch-Wörterbuch „Der große Wrede".

Die Sache mit dem Kölsch-Schreiben ist nicht immer einfach. Elfi Steickmann hat oft erleben müssen, wie ihre Bücher von Verlagen abgelehnt wurden. Ihr erstes Kölsch-Buch ist dann 1996 erschienen, ihr achtes 2016.

Und es macht sie traurig, dass auch bei größeren Literaturevents, von denen es gerade in Köln ja einige gibt, die kölsche Literatur *„völlig außen vor gelassen"* wird und, wie man ihr auch einmal sagte, *„nicht dazu passe"*.

Das alles hat Elfi Steickmann nicht von ihrem Weg abbringen können. Sie lebt und liebt ihren Beruf – ihre Berufung. In der Kölsch-Szene, da wo man noch richtig kölsch spricht und liest, ist sie zuhause, ist bekannt und kennt jeden.

Sie beobachtet viel und genau, hat Spaß an den kleinen witzigen Alltagssituationen, an den Geschichten, *„die das Leben so schreibt, die einfach so passieren, ohne Drehbuch"*, wie sie es formuliert. Diese Freude am Beobachten und die Neugierde am Leben strahlt sie aus mit ihrer humorvollen und herzlichen Art.

Aber das Schreiben und ihre Bücher sind nur ein Teil ihrer vielfältigen Beschäftigungen. Sie erklärt es so: *„Durch das Schreiben bin ich auf die Bühne gekommen."* Wenn sie Lesungen hat, dann erzählt sie viel „drum rum", spielt ihre Texte fast. Sie nennt es „Kölsche kabarettistische Lesungen". Sie weiß genau: *„Kölsch zu lesen ist eine Sache, Kölsch zu hören eine andere. Die meisten bevorzugen das Letztere."*

Wie sie das Rampenlicht erlebt, möchte ich gerne wissen. *„Ich hatte einen sehr humorvollen Vater. Die Liebe des Darstellens habe ich von ihm geerbt."* Sie selbst hatte ihre ersten Bühnenerfahrungen in der Kumede, wo sie lange Zeit mitgespielt hat. Und so kam es, dass sie selbst ebenfalls in Kabarettgruppen auftritt, für die sie auch als Autorin von Sketchen und Geschichten aktiv ist – natürlich alles op Kölsch!

Sie spielt seit zehn Jahren im Ensemble „Medden us dem Levve" und zusätzlich bei den „Vier Schabracken", die in ihrem Programm „Mer sin nit opzehalde ... un maache wigger" das fortgeschrittene Alter von sich selbst und anderen auf die Schippe und unter die Lupe nehmen. Was diese Frau so alles treibt?, geht es mir durch den Kopf. Ihre fast siebzig Jahre sieht man ihr nicht an.

Auf meine Frage, wie sich der Dialekt in Köln halten wird, ob er überleben wird, reagiert sie kritisch: *„Die Gesellschaft ist gespalten. Der Großteil hat kein Interesse mehr am Dialekt. Viele Leute singen bei Karnevalsliedern mit, ohne den Sinn zu verstehen, das ist alleine lautmalerisches Mitsingen. Die Musik wird gefeiert, die kölsche Literatur stirbt aus. In zehn Jahren gibt es kein kölsches Buch mehr."*

Sie wird weitermachen, kölsch schreiben und leidenschaftlich anderen vorlesen. Denn schließlich ist sie Kölnerin. Ihr Herz schlägt schneller, wenn sie den Dom sieht und mit Freunden ein leckeres Kölsch beim Sion trinkt, sagt sie mit einem Schmunzeln im Gesicht.

„Mein Herz schlägt schneller, wenn ich den Dom sehe", sagt Elfi Steickmann

Viertes „K"

Tradition von Kölsch, Köbes und Kneipe

Das Wort Tradition ist eng verknüpft mit Essen und Trinken, oder wie der Kölner sagt mit „Süffele und Müffele." Küche, Brauart, Kneipen – all das ist gelebte Tradition. Und Kölsch – das traditionelle Kölner Bier – ist zu einem Markenzeichen und Aushängeschild der Stadt geworden.

Sion
KÖLSCH
JOHANN SION
Reissdorf
Kölsch
Gaffel
Kölsch
FEINHERBER GESCHMACK

Das Kölsch – ein Bier mit Tradition

Das traditionelle Kölner Bier, einfach nur „Kölsch" genannt, unterliegt festen Regeln und Grundsätzen. Da ist zum einen das deutsche Reinheitsgebot von 1516. Es gilt für sämtliche Biersorten und legt fest, dass deutsches Bier nur aus Hefe, Hopfen, Gerstenmalz und Wasser bestehen darf.

Das Kölsch darf außerdem nur in Köln oder in der direkten Kölner Umgebung mit entsprechender Braulizenz gebraut werden. Das legt eine „Kölsch-Konvention" fest, die die Kölner Brauer 1986 ins Leben gerufen haben und die sie seitdem sehr genau überwachen und einhalten. Diese Konvention beschreibt auch, was das Bier der Domstädter ausmacht: Kölsch ist ein obergäriges, helles, hochvergorenes, hopfenbetontes, blankes Vollbier.

Was bedeutet eigentlich „obergärig"?

Beim Brauprozess gärt die Hefe bei einer Temperatur zwischen 15 und 22 Grad. Dabei steigt sie nach oben und kann dann abgeschöpft werden. Im Gegensatz zum untergärigen Bier (z.B. Pils oder Export) gärt dort die Hefe bei lediglich vier bis neun Grad und sinkt nach unten.

Untergäriges Bier stammt traditionsgemäß aus Regionen, die früher aufgrund der Umgebungstemperaturen bessere Kühlmöglichkeiten hatten. Das mildere Rheinland war auf mühsame, beinahe unmögliche Eisbeschaffung angewiesen, was letztlich zum wärmeren obergärigen Brauverfahren führte.

Kölsch wird in einer 0,2 Liter Kölschstange serviert.

Was ist der natürliche „Feind“ des Kölsch?

Das Alt! Zumindest sieht es der Kölner so – und umgekehrt auch der Düsseldorfer. Ab einer Linie zwischen Leverkusen und Mettmann verläuft die Grenze. Nördlich davon bis in den gesamten Niederrhein wird Altbier ausgeschenkt und gibt der genüsslich gelebten Konkurrenz zwischen Köln und Düsseldorf weitere Nahrung.

Dabei verfügen beide Lager über ein breites Vokabular an Schmähwörtern für das jeweils andere Bier. „Alles Blödsinn“, sagt der Braukundige, denn beide Biere sind vom Prinzip her „baugleich“: Obergärig, hopfenbetont und blank.

Lediglich aufgrund des heißer getrockneten Braumalzes erhält das Düsseldorfer Altbier seine dunkle Färbung. Und tatsächlich hat ein Professor aus Düsseldorf mit 50 Kölnern und 50 Düsseldorfern eine Blindverkostung durchführen lassen, die ergab, dass nur knapp 50 % der Probanden die beiden Biersorten wirklich unterscheiden und ihr Lieblingsbier herausschmecken konnten. So zumindest steht es in einer im August 2016 veröffentlichten Studie.

Obergärig, hopfenbetont und blank: Mehr als 30 Kölschsorten sind bekannt.

Kölsch-Sorten:

Bischoff, Bürger,
Colonius,
Dom, DuMont,
Felskrone, Früh,
Gereons, Gaffel, Ganser,
Garde, Giesler, Gilden,
Hansa,
Küppers, Kurfürsten,
Kurfürsten, Maximilian,
Mühlen,
Päffgen, Peters,
Rats, Reissdorf, Richmodis, Römer,
Schmitz, Sester, Severins,
Sion, Stecken, Sünner,
Zunft

Bleiben wir beim Kölsch! Aktenkundig ist, dass bereits seit dem 14. Jahrhundert ein spezielles Bier ausschließlich in Köln gebraut wurde. Damals trank man das Kölsch noch aus Steinkrügen. Aber bereits aus dem 15. Jahrhundert sind die ersten Glasstangen bekannt. Die waren allerdings noch deutlich größer als die heutigen. Vermutlich ist das Kölschglas in der schmalen, geraden Stangenform, das es seit Anfang des letzten Jahrhunderts gibt, auf die niedrigen Herstellungskosten zurückzuführen.

Die kleinere 0,2-Liter-Kölschstange hat außerdem den enormen Vorteil, dass das Kölsch immer frisch und spritzig ist. Die Kölner Bierbrauer haben sich darauf verständigt, an der traditionellen Kölschstange weiterhin festzuhalten.

Ein gutes Kölsch ist immer frisch gezapft mit korrekter Temperatur und Schaumhöhe. Dabei darf der Schaum keinesfalls zu viel über den Glasrand ragen!

Serviert wird das Kölsch vom klassischen kölschen Kellner, Köbes (von Jakob) genannt. Zur praktischen Handhabe gibt es den „Kölschkranz", typisch für Köln, passend für circa zehn der schmalen Kölschstangen.

Der Köbes stellt das Kölsch grundsätzlich ungefragt vor den Gast. Er geht einfach davon aus, dass man Durst hat. Und das macht er mit seiner spröden Freundlichkeit, gepaart mit einer sympathischen Überzeugungskraft, die keinen Widerspruch duldet, solange, bis man den Deckel auf das leere Glas legt oder ganz klar äußert, dass man genug hat. Sitzt man in einer Gruppe zusammen, geht auch schon mal ein Kölsch an den Köbes zum Mittrinken. Das tut dieser bei den Gästen am Tisch und leert das Glas in einem Zug.

Den klassischen Kölner Kellner nennt man in Köln „Köbes“ (von Jakob). Einer von ihnen ist Olaf Goebbels, Köbes aus Leidenschaft – so steht es auf seiner Visitenkarte.

Traditionelles Essen und Trinken im kölschen Brauhaus

Typisch kölsch Essen und Trinken heißt, in ein Brauhaus zu gehen. Das sind Kneipen, die direkt an eine Brauerei angebunden sind und wo nur das eine, entsprechende Kölsch ausgeschenkt wird. Über die Stadt verteilt findet man etliche Kölner Brauhäuser.

Am Heumarkt befindet sich die älteste Brauerei in der Kölner Altstadt, die Malzmühle. Immer noch als Familienbetrieb geführt, wird dort das Mühlen-Kölsch produziert. In der urigen Gaststätte tranken schon der frühere Bundeskanzler Konrad Adenauer und der ehemalige amerikanische Präsident Bill Clinton ihr Kölsch.

Das größte Kölner Brauhaus ist das Früh am Dom, das es schon seit über 111 Jahren gibt, wie es auf der hauseigenen Webseite so schön heißt. Viele Kölner lieben das Päffgen in der Friesenstraße oder das Reissdorf auf der Severinstraße, weil diese beiden Brauhäuser nicht direkt im Zentrum des Touristentrubels sind.

Es gibt noch einige weitere traditionelle Brauhäuser in Köln wie beispielsweise das Gaffel, Sion, Peters, Sünner oder Gilden, und sogar einen eigenen Brauhaus-Wanderweg, auf dessen Spuren man zehn dieser Brauhäuser aufsucht.

Im Inneren der Brauhäuser geht es grundsätzlich rustikal zu. Man sitzt an hellen unbehandelten Holztischen auf Bänken und Stühlen, leicht gepolstert mit einem dünnen Sitzkissen. Da der Rheinländer – und der Kölner noch mal ganz speziell – ein sehr kommunikativer Mensch ist, sind die Tische meist in großen holzgetäfelten Räumen aufgestellt. Nischen oder Sitzecken findet man nur ganz selten. Daher ist auch der Geräuschpegel in einem vollbesetzten Kölner Brauhaus recht ausgeprägt. Aber auch das gehört dazu. Lärm hin oder her – Unterhaltungen werden gerne schon mal Tische übergreifend geführt. Das nennt der Kölner „Verzäll" und ist zwingender Bestandteil eines gemütlichen Kölsch-Abends.

Üblicherweise wird im Brauhaus auch gegessen. Und was schmeckt am besten zum Kölsch? Nun, dass wir in Anbetracht der bereits dargestellten Umgebung nicht von Haute-Cuisine sprechen, dürfte schnell klar sein. Die traditionelle kölsche Küche ist eher einfach und deftig als fein und extravagant und passt hervorragend zum Kölsch.

Werfen wir einen Blick auf eine typische Speisekarte eines Kölner Brauhauses. Für

Die Brauerei Zur Malzmühle ist die älteste Kölsch-Brauerei in Köln.

Verwirrung sorgt regelmäßig (zumindest für den Zugereisten) der *Halve Hahn*. Dabei handelt es sich nicht um ein halbes gegrilltes Hähnchen! Serviert wird ein dunkles Roggenbrötchen mit Butter, einer dicken Scheibe mittelaltem Gouda, Zwiebelringen und scharfem Senf. Da soll mal jemand gesagt haben: „Ich will `ne halve han", was so viel bedeutet wie: „Ich hätte gerne ein halbes (Brötchen)."

Ebenfalls aus der kalten Küche kommt der *Kölsche Kaviar*. Das ist das Wurst-Pendant zum Halven Hahn. Anstelle des Goudas wird eine kräftige rheinische Blutwurst (Blotwoosch oder Flönz) serviert. Und wer lieber dem Fischigen zugeneigt ist, bestellt sich *Heringsstipp*, lecker eingelegte Heringe mit Äpfeln, Zwiebeln, Gurken, Majonäse und dazu eine Scheibe Schwarzbrot.

Schwarzbrot isst der Kölner auch zu seinen geliebten *Rievkooche*. Der „echte" rheinische Reibekuchen sollte aus Kartoffeln der Region zubereitet werden. Wichtig ist, dass die Kartoffelfladen in ausreichend heißem Öl schwimmen und brutzeln. Zu den Rievkooche wird neben dem Schwarzbrot Apfelmus oder Rübenkraut gereicht.

Wer einen *Halven Hahn* bestellt, bekommt ein Roggenbrötchen mit Butter und einer dicken Scheibe mittelaltem Gouda, Zwiebeln und Senf.

Eine der drei entscheidenden Komponenten des Klassikers *Himmel un Ääd* ist ebenfalls das Apfelmus! Kartoffelbrei und gebratene Blutwurst mit Zwiebeln machen das Gericht komplett.

Bestellt der Gast *Ääzezupp*, dann bringt ihm der Köbes eine deftige Erbsensuppe mit ordentlich Bauchspeck-Stückchen, Bock- oder Mettwurstscheiben. Wer richtig großen Appetit hat, bestellt sich ein Hämmche. Superkross muss die Schweinshaxe sein, andernorts bekannt unter dem Begriff Eisbein.

Und dann gibt es da noch den *Soorbrode*. Der rheinische Sauerbraten wird mit Rosinen zubereitet und wurde früher aus Pferdefleisch gemacht. Heute nimmt man allerdings meistens Ochsenfleisch, obwohl es immer noch Pferdemetzger in Köln gibt und auch immer noch die Anhänger des „richtigen" Sauerbratens aus Pferdefleisch.

Der Kölner isst auch gerne *Öllich* (Zwiebel) zum Mettbrötchen, im Winter *Kappes* (Kohl) zum *Hämmche* und trinkt hinterher einen *Schabau* (Schnaps) zur Verdauung.

Pferdefleisch und Pferdemetzger

Um 1900 gab es unzählige Pferdemetzger in Köln. Die große Zahl der *Pädsmetzjer*, wie der Kölner sagt, stand in engem Zusammenhang mit dem Aufkommen und der Verbreitung der Kölner Pferdebahn. 1877 fuhr die erste Kölner Schienenbahn mit einem PS von Deutz nach Kalk. Damals hatte man noch Angst, dass eine solche Pferdebahn in der Kölner Innenstadt zu gefährlich sein könnte. Die neue Fortbewegung ließ sich aber nicht aufhalten, auch nicht vor der Kölner Innenstadt.

In den 1890er Jahren waren schon 34 Pferdebahnwagen in der Stadt unterwegs. Als 1901 die erste Elektrische Straßenbahn durch die Straßen fuhr und diese Entwicklung sich auch weiter fortsetzte, verschwanden immer mehr Pferdebahnen. 1907 waren sie endgültig aus dem Stadtbild verschwunden.

Aber was geschah nun mit den vielen Pferden, die entweder zu alt wurden für die schwierige Aufgabe, einen Wagen zu ziehen oder die später durch die Elektrischen „wegrationalisiert" wurden? Die kamen zum Schlachter, und das Fleisch wurde verkauft. Deshalb gab es damals diesen Boom der Pferdemetzger in Köln. Damals gab es noch keine Tierschützer und viele Fleischgerichte wurden aus Pferdefleisch zubereitet. Dazu gehörte auch der Kölner Sauerbraten.

Kölner Kultkneipen

Neben den Brauhäusern und Gastronomie-Betrieben, die den Namen einer speziellen Kölschsorte tragen, gibt es viele weitere Kölsch-Kneipen, darunter einige Kneipen mit Geschichte und Tradition: die Kölner Kultkneipen.

Was den Kultstatus anbelangt, stehen zwei Kneipen in Köln ganz oben – nein, eigentlich zwei Kneipenwirte beziehungsweise ein Kneipenwirt und eine Kneipenwirtin: Hans Lommerzheim und Paula Kleinmann.

Lommi, wie der Wirt Hans Lommerzheim liebevoll genannt wurde, war eine wirkliche Institution in Köln. Nicht besonders redselig, aber immer freundlich. Bevor er 1959 seine eigene Kneipe eröffnete, war er Köbes im Päffgen-Brauhaus. Durch diese Verbindung bekam er die Erlaubnis, in seiner Kneipe das Päffgen-Kölsch auszuschenken, stilvoll und traditionell aus Holzfässern.

Nach der Arbeit ein schnelles Kölsch bei „Lommi" – das war und ist noch immer Kult.

Über Jahrzehnte wurde die Gaststätte weder innen noch außen renoviert. Letztlich machte auch das den Charme von *Lommi* aus. Und wer keinen Sitzplatz mehr bekam – und das war die Regel in der beliebten und stets überfüllten Kneipe – der setzte sich dem Ambiente angemessen auf leere Wasserkästen oder Stapel von alten Telefonbüchern. Das legendäre *Kotelett komplett* schmeckte trotzdem allen. Und das waren Menschen aus allen Schichten und Milieus von Köln. Nach der Arbeit noch ein schnelles Kölsch bei *Lommi* – das war Kult.

Das Ehepaar Lommerzheim ist mittlerweile verstorben. Die Päffgen-Brauerei hat das Haus zwischenzeitlich gekauft und leicht renoviert, ohne die traditionelle Atmosphäre zu verändern. Einen freien Stuhl bekommt man auch heute kaum.

Es gibt eine Vielzahl an Geschichten, die diese Kneipe auf der Schäl Sick in Deutz zu einer der urigsten Kölner Kneipen werden ließ. Legendär war die Absage von Lommi an Bill Clinton und sein Gefolge, als der anlässlich des 1999 in Köln abgehaltenen Weltwirtschaftsgipfels im *Lommi* speisen und trinken wollte. Dafür hätten allerdings die anderen Gäste ausgesperrt werden müssen. Das kam für Lommi nicht in Frage, dann lieber auf den amerikanischen Präsidenten verzichten, als die Stammgäste vergraulen. Die Gäste waren Hans und Annemie Lommerzheim heilig.

Auch bei Oma Kleinmann musste man immer erst einmal auf einen Tisch warten und sich die Zeit mit ein paar Kölsch am Tresen verkürzen. Ähnlich wie Hans Lommerzheim war auch Paula Kleinmann eine Institution.

Gemeinsam mit ihrem Mann hatte sie 1949 im Kwartier Lateng die Gaststätte *Zum Goldenen Krug* eröffnet. Zu den Gästen gehörten gleichermaßen Studenten, Arbeiter, Akademiker und Prominente. Alfred Biolek verkehrte gerne bei Oma Kleinmann und

Die Gaststätte und Eckkneipe Oma Kleinmann ist Tradition, Kult und immer noch eine Institution auf der Zülpicher Straße.

Paula Kleimann mit Entertainer Chris Howland.

Paula Kleinmann an ihrem 92. Geburtstag.

lud sie Ende der 1970er Jahre in seine Sendung „Kölner Treff" ein. Durch diesen Fernsehauftritt wurde sie über Nacht in der ganzen Stadt bekannt. So wundert es nicht, dass die Kneipe im Volksmund nur noch *Oma Kleinmann* hieß, bis der Name schließlich 1999 offiziell geändert wurde.

Hier gab es die besten Schnitzel der Stadt und die legendären Gänsemenüs in der Vorweihnachtszeit. Paula Kleinmann stand noch bis ins hohe Alter selbst am Herd. 2009 starb sie im Alter von 95 Jahren.

Die Gaststätte wird heute in alter Tradition weitergeführt. Mitten zwischen den vielen Bars, Dönerbuden und Bistros ist sie eine der letzten echten Eckkneipen im Studentenviertel auf der Zülpicher Straße. Schnitzel und Gänseessen gibt es nach wie vor, und auch Vorbestellungen sind wie früher unbedingt nötig.

Nach eigenem Rezept gebrautes Bier wird in der Schreckenskammer unter anderem wahlweise in großen Drei-Liter- und Fünf-Liter-Kölschstangen ausgeschenkt.

Natürlich gibt es noch einige weitere Kultkneipen. Aus der Stadtmitte seien hier zwei Traditionskneipen erwähnt: *Bei d'r Tant* und die *Schreckenskammer*.

Die ursprüngliche Cäcilienschänke wurde nach ihrer langjährigen Wirtin Maria Kremer, die alle nur „die Tant" nannten, zur beliebten Gaststätte *Bei d'r Tant*. Sie liegt unmittelbar in der Nähe der großen Fußgängerzone um Hohe Straße und Schildergasse und lädt zur Erfrischung nach dem Einkaufsbummel ein.

Die *Schreckenskammer* befindet sich gegenüber von Sankt Ursula. Ob das Brauhaus seinen Namen von den Gefangenen hat, die auf dem Weg zum Henker hier ihre Henkersmalzeit bekamen, oder von dem Umstand, dass hier Prüfungen der Eisenbahner-Lehranstalt abgehalten wurden, ist nicht abschließend geklärt. In langer Familientradition, schon über mehrere Generationen hinweg, wird hier ein nach eigenem Rezept gebrautes Bier ausgeschenkt.

Schauen wir in die Südstadt, dann treffen wir auf eine äußerst dichte Kneipenszene, von denen einige durchaus auch Kultstatus erlangt haben. Ob das *Backes*, der *Mainzer Hof* oder die *Ubierschänke*, hier wird überall intensiv Karneval gefeiert, übers Jahr immer wieder Live-Musik geboten oder gemeinsam Fußball geguckt, natürlich vornehmlich die Fußball-Spiele des 1. FC Köln.

Vergleichbares findet man in Sülz beispielsweise im *Haus Unkelbach. Et Unkelbach* ist berühmt-berüchtigt für seine tolle Stimmung an den Karnevalstagen. Da quillt die urige Kneipe über und man kann sich später damit rühmen, einen Platz im Gastraum ergattert zu haben.

Man erzählt sich, dass die Köbesse im *Unkelbach* immer nett, freundlich und zuvorkommend zu den Gästen seien, fast schon ungewöhnlich für diesen Berufsstand.

In Nippes geht man zum *Goldenen Kappes*, wenn man in traditioneller Umgebung kölsche Küche und kölsches Bier genießen will. *Em Golde Kappes* gibt es seit 1913. In der Umgebung gab es damals die Kappesgasse, die ihren Namen von dem Gemüse erhalten hatte, was die Bauern aus der Umgebung auf die Märkte in die Stadt brachten: jede Menge Kohlköpfe.

So hat jedes Veedel seine Traditionskneipen, in denen man sich trifft und in denen es die typische kölsche Küche und das frisch gezapfte leckere Kölsch gibt – und jede Menge Heimatgefühl!

Kleines KultKneipen-Glossar

Im Duden wird die Kneipe als „ein kleines, einfaches, aber auch gemütliches Lokal" beschrieben, „das man vor allem aufsucht, um dort etwas Alkoholisches zu trinken". Dabei geht es in erster Linie um Bier, das typische Kneipengetränk.

Der Begriff Kneipe stammt vermutlich vom alten Wort *kneipen*, das wir als zusammendrücken beziehungsweise auch als zusammenrücken übersetzen können. Im Kneipenraum ist der Tresen das wichtigste Inventar. Gerne werden auch Spielgeräte aufgestellt wie Flipper, Dartscheiben oder Fußball-Kicker. Und auf dem einen oder anderen Tisch kann sich auch ein kleines Schild befinden, auf dem „Stammtisch" geschrieben steht.

Trotz des beklagten Kneipensterbens gibt es immer noch etliche Kneipen in Köln, darunter auch echte „Kultkneipen". Soziologisch betrachtet ist eine Kultkneipe, wenn wir sie von der Bedeutung des Wortes „Kult" her betrachten, ein Ort, an dem sich der Mensch aus dem Alltagsleben abhebt, in eine andere Sphäre abgleitet, um ritualisierte Handlungen durchzuführen, zu denen durchaus auch Essen und Trinken zählen.

Kulthandlungen sind für den sozialen Zusammenhalt von Gruppen, welcher Art auch immer, sehr bedeutend. Sich-zuprosten oder sich-einen-ausgeben, gemeinsam trinken und gemeinsam an der Theke stehen, all das kann man als Kulthandlungen verstehen, deuten und bezeichnen.

Umgangssprachlich „kultig" ist eine Kneipe dann, wenn sie eine große Menge Anhänger hat und mit unterschiedlichen mythischen, legendären Geschichten verknüpft ist.

EM GOLDE KAPPES
EM GOLDE KAPPES

Reissdorf Kölsch
Haus Unkelbach
BRAUEREIAUSSCHANK
Seit über 70 Jahren
EINFAHRT
Haus Unkelbach
Seit über 70 Jahren
Reissdorf Kölsch
Haus-Unkelbach

Fünftes „K“

Kölner Krimis – Drehort mit Tradition

Und da ist es wieder, das „K“! K wie kriminell oder Krimiserie. Und es lohnt sich tatsächlich Köln als Standort für Krimis etwas genauer unter die Lupe zu nehmen, denn auch Krimis haben in Köln Tradition. Ob TV-Krimis, Krimis in Buchform oder Krimi-Events, Köln scheint ein geeignetes Pflaster für Mord und Totschlag, Milieustudien, Kriminelle und Kommissare zu sein, wie auch ein Blick in die Siebziger bestätigt.

WDR – Tatort
Tatort Köln: Dietmar Bär (l) und Klaus J. Behrendt beim Dreh vor dem Dom.
Bild: WDR/Uwe Stratmann

KLAUS J.

„Der Kölner Kriminelle an sich hat einen hohen Unterhaltungswert, auch weil er herrlich kölsch spricht."

Im Gespräch mit Gefängnisarzt und Schauspieler Joe Bausch

Irgendwo, 140 Kilometer von Köln entfernt, sitzen wir gemütlich in der Küche. Joe Bausch erzählt fesselnd, spannend, unterhaltsam.

Alleine sein Lebensweg ist schon ungewöhnlich und aufregend. Der heute 63-Jährige hat einige Umwege gemacht, bevor er sein Medizinstudium begann, das ihn schließlich in die Justizvollzugsanstalt (JVA) Werl führte, wo er seit 30 Jahren als Gefängnisarzt arbeitet. Gleichzeitig war er immer als Schauspieler aktiv. Das Theaterspielen faszinierte ihn seit seiner Jugend und begleitete ihn durch sein ganzes bisheriges Leben. Heute ist er einer breiten Öffentlichkeit als Gerichtsmediziner Dr. Joseph Roth aus dem Kölner Tatort bekannt.

Er hat schon viel erlebt. So war Joe Bausch in den 1970er Jahren mitten im Milieu rund um den Friesenplatz unterwegs. Als Pornofilmvorführer hat er sich sein Geld verdient. Er beschreibt sich selbst als damals *„coolen Typen"* mit *„langer Matte"* und *„offenem Hemd"*.

Er verdiente gutes Geld und wurde von den Frauen, die in dem Laden als Prostituierte arbeiteten, gemocht. Wenn keine Kunden da waren, redete man über Kinder, Schuhe, eben über ganz normale Themen *„wie in einem Friseurladen"*. Man kam zur Arbeit, wie alle anderen auch.

Joe Bausch erlebte das Milieu als *„großes Improvisationstheater"*, wie er sagt. *„Für den Bauernjungen vom Land war das alles einfach nur geil."* Er empfand es wie ein Rollenspiel, als ob er in einer Serie mitspielte.

„Im Le Journal trafen sich alle zum Frühstück. Da waren die Luden, die Boxer, die Promis. Die einen frühstückten, die anderen nahmen den letzten Imbiss vorm Schlafengehen", erzählt er. Natürlich traf er damals auch alle möglichen Größen der Unterwelt. Man kannte sich, man kannte ihn. Er wurde in Ruhe gelassen, er fühlte sich immer sicher.

Ich frage ihn, wie es dazu kommt, dass diese Zeit heute so verklärt wird. Er glaubt, dass die Verherrlichung des Milieus auch mit der allgemeinen Verherrlichung der 1970er Jahre zu tun hat, die mit der Musik von damals, Woodstock, freiem Leben etc. verknüpft werden. Auch der Blick auf das Rotlicht sei damals ein anderer gewesen. *„Es war speziell kölsch. Nicht zu vergleichen mit dem Frauenhandel von heute, den Bulgarienbanden und so weiter."*

Joe Bausch

Gleichzeitig erklärt er mir aber auch: *„Ich hasse diese Verklärung des Zuhältertums. Wenn ich da drüben (in der JVA) welche habe, die damit angeben 'Ich bin Zuhälter, Frauenversteher ...', dann sag ich: 'Pass mal auf Junge, das ist Vergewaltigung, Freiheitsberaubung, Körperverletzung, Nötigung, Erpressung. Den charmanten Begriff der Zuhälterei lass stecken.'"*

Joe Bausch steht zwischendurch immer wieder auf, geht ein paar Schritte durch die Küche, während er weitererzählt. Er wirkt fast ein wenig unruhig, braucht die Bewegung – so wie sein ganzes Leben bewegt ist.

Er habe das Milieu von damals sportlich erlebt. Es sei ihm wie ein Spiel zwischen Kriminellen und der Polizei vorgekommen. Seine Knast-Arbeit sieht er auch zu einem gewissen Grad sportlich. *„Da heißt es, die Regeln und Strukturen im Knast zu verstehen und zu lernen, damit umzugehen"*, erklärt er mir.

Seine persönlichen Erfahrungen aus dem Kölner Milieu waren ihm bei seiner Arbeit als Gefängnisarzt durchaus schon hilfreich. *„Ich habe immer mal wieder Typen gehabt, die hier in Werl gelandet sind und die halt Wurzeln in Köln hatten. Und wenn man sich mit denen dann unterhält und sagt, man kennt den einen oder anderen, dann löst das die Zunge, dann wird erzählt."*

Und wieder merkt man, wie sehr ihm das Leben und sein Beruf einfach Spaß machen, als er sagt: *„Der Kölner Kriminelle an sich hat einen hohen Unterhaltungswert, auch weil er herrlich kölsch spricht."*

Meine Frage, ob sein Beruf die Folge seiner vorherigen Lebenserfahrungen ist, verneint er. Das sei Zufall gewesen. Allerdings ergänzt er: *„Ich habe in meinem Leben auf der Bühne so viele Verbrecher und Mörder gespielt, dass einfach klar war: Mich interessieren diese Typen – was macht Menschen kriminell, was ist richtig böse? Ich habe mich sicher mehr damit beschäftigt als andere. Es gelingt mir, die Leute nicht vorzuverurteilen. Wer sich benimmt, wird ordentlich behandelt, wer sich nicht benimmt, hat's schwerer. Und wenn die Jungs sehen, der kennt Verbrecher, der hat keine Ängste und keine Vorbehalte, öffnen sich die Türen im Knast. Es hilft halt."*

Wenn er über „den Knast" redet, dann ist ihm anzumerken, mit welchem Respekt er seiner Arbeit nachgeht. Er strahlt ein hohes Maß an Aufrichtigkeit und Ernsthaftigkeit aus, gleichzeitig aber auch seinen lebensbejahenden und durchaus humoristischen Blick auf das Leben. Zwischen spannenden Erzählungen macht sich immer wieder ein Schmunzeln in seinem Gesicht breit.

Natürlich muss ich ihn auch zu seiner Rolle im Kölner Tatort befragen. Mit ein wenig Stolz erklärt er mir, dass er der erste Gerichtsmediziner in einem Tatort war, der eine etwas hervorgehobene Rolle hatte. Und auf die Konkurrenz zu anderen Tatort-Produktionen angesprochen erzählt er mir davon, dass Münsteraner und Kölner Tatort einmal gleichzeitig in ein und derselben Straße gedreht wurden und man gegenseitig gucken ging und schaute, was die anderen denn so als Catering dabei hatten. Man kennt sich, der Jan Josef und der Axel seien nette Kerle. Man hat Spaß miteinander, aber man schaut schon auf die Quoten.

Zu dem Umstand, dass der Münsteraner Tatort über weite Strecken in Köln gedreht wird, ergänzt er noch schmunzelnd: *„Der Münsteraner wundert sich, dass so furchtbare Ecken in Münster existieren."*

Die Tatort-Rolle macht ihm Spaß, hat aber auch ihre Kehrseiten. Er würde gerne einmal einen richtigen Psychopathen oder Gewaltverbrecher spielen. Aber die Leute identifizieren ihn nun einmal mit dem netten Gerichtsmediziner, und die häufigste Frage, die er gestellt bekommt, ist die, ob man nicht eine Leiche im Tatort spielen dürfe.

Auch hier fällt ihm wieder eine herrliche Geschichte ein von einer jungen Schauspielerin, die das nackte Grauen erfasste, als sie merkte, dass neben ihr als Filmleiche tatsächlich auch noch eine echte Leiche lag. So geschehen in einer Kühlwand bei einer Gerichtsmedizin-Szene.

Dieser Mann hat wirklich viel zu erzählen. Ich könnte ihm stundenlang zuhören.

„Im Le Journal trafen sich alle zum Frühstück. Da waren die Luden, die Boxer, die Promis. Die einen frühstückten, die anderen nahmen den letzten Imbiss vorm Schlafengehen", erzählt Joe Bausch.

Heißes Pflaster Köln – Chicago am Rhein

Köln in den Sechzigern, alles schwarz-weiß, rasende Autos, Schießerei, Tote .... so beginnt der Film „Heißes Pflaster Köln". Prostituierte stehen auf der Straße, zwielichtige Typen in Nadelstreifen machen coole Sprüche, in Hinterhöfen finden Schlägereien statt, Kneipen sind Treffpunkte für Gauner, die sich gegenseitig drohen und sogar ermorden, viel nacktes Fleisch, Gewalt und Brutalität.

Das ist das Ambiente, in dem es um den Kampf zwischen einem aufrechten Staatsanwalt und brutalen Verbrechern geht, die die Verurteilung eines Bandenmitglieds rächen wollen. Dabei spielt der Kampf unter den Zuhälterbanden genauso eine Rolle wie der Kampf zwischen der Justiz und dem Milieu. Die Kulisse bildet das „alte" Köln mit Dom, Hohenzollernbrücke und Rheinuferstraße. Kölsche Töne sind zu hören und immer wieder ist die Rede vom Klingelpütz. Köln ist nicht zufällig Drehort und Spielort dieses Films.

Von den 1950er über die -60er bis in die -70er Jahre hatte Köln einen legendär schlechten Ruf. Die Gegend um Friesenstraße, Friesenplatz und Klapperhof war Schauplatz von Kriminellen, ihren Rangkämpfen, Zuhälterei, Hehlerei und Bestechung. Es schien fast so, als ob die Domstadt in dieser Zeit von der Unterwelt regiert würde. Und in ganz Deutschland berichtete man nicht ohne Häme und Ironie über das „Chicago am Rhein". Aus heutiger Sicht wird diese Zeit merkwürdig verklärt und romantisiert. Ja, das waren schon skurrile Typen, aber es waren auch Verbrecher.

Treffpunkt der Unterwelt war die Kneipe „Klein Köln" in der Friesenstraße. Hier traf sich alles, was Rang und Namen hatte, sowohl in den kriminellen Kreisen als auch unter den Prominenten. Das lag daran, dass Klein Köln eine der ersten Kölner Kneipen war, die eine Nachtkonzession hatten und somit zu demjenigen Ort wurde, an dem sich Promis, Boxer und Ganoven vor und nach den Boxkämpfen trafen, die in den benachbarten Sartory-Sälen stattfanden. Stimmen von damals sagen: „Das Milieu und das Boxen waren eins."

1961 übernahm Dieter Becker, aufgrund seines Übergewichts ironisch „dä Schmal" genannt, die Kneipe. Seine Lebensgefährtin Karin Cöllen war sozusagen der weibliche Mittelpunkt im Milieu. Vor ihr hatten die kriminellen Jungs Respekt und die Frauen, die für ihre Zuhälter anschaffen gingen, sahen in ihr eine Ansprechpartnerin.

Und wer waren nun diese Typen, die sich wie Al Capone, Frank Nitti oder Bonnie und Clyde aufführten? Alle waren sie mit einem Spitznamen versehen und irgendwie äußerlich auffällig. Sich selber sahen sie stets als „jode Minsche" und anständige Verbrecher. Einer der Bekanntesten und Mächtigsten war Heinrich Schäfer, genannt „Schäfers Nas".

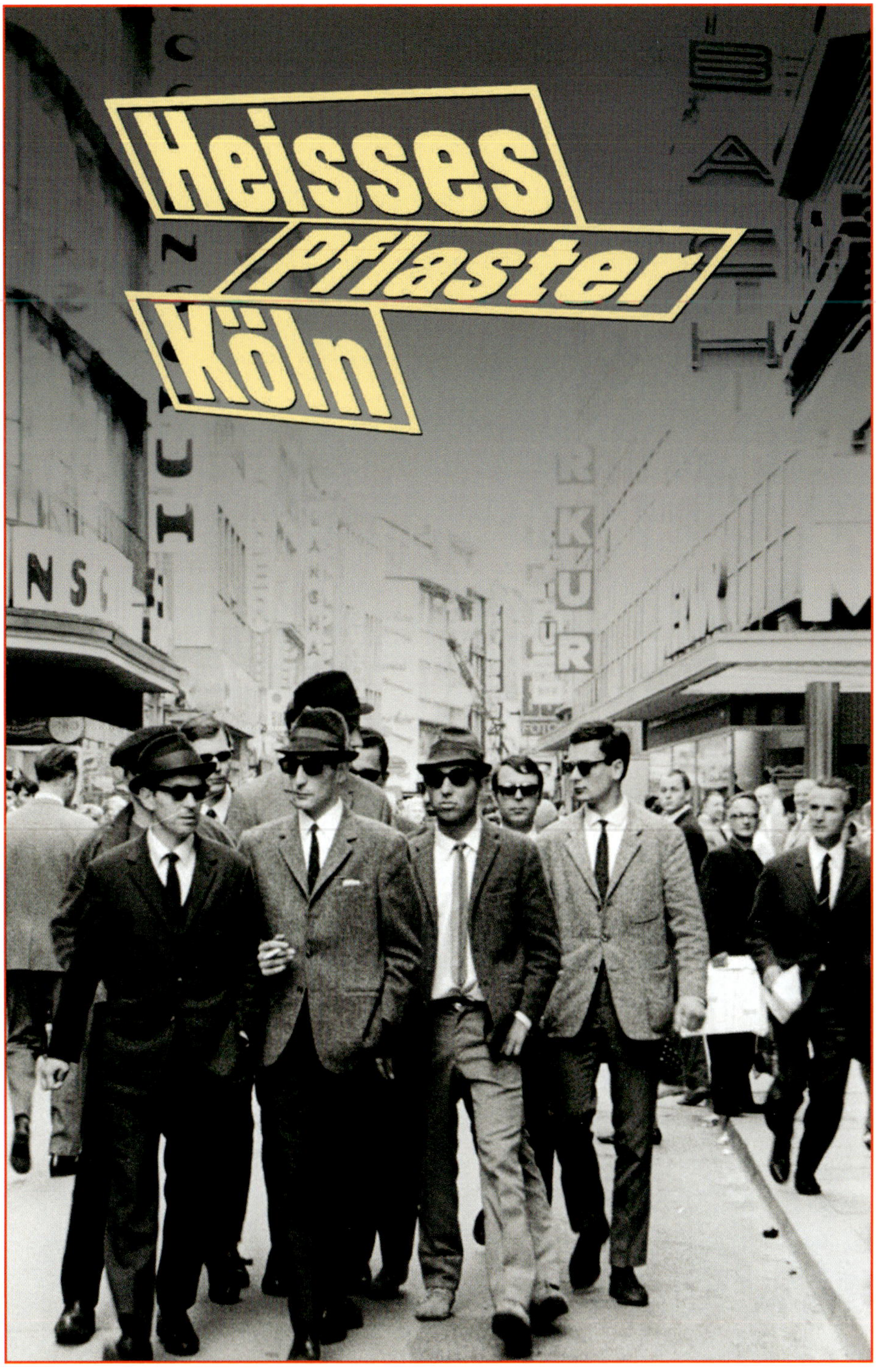
Heisses
Pflaster
Köln

Der 1936 geborene Kölner war groß, breitschultrig, sehr stark, hatte eine einschüchternde Erscheinung und eine auffallend breite Nase. Er begann als Türsteher und war am Ende einer der beiden unangefochtenen Könige der Ringe.

Der andere war der „Dummse Tünn", mit bürgerlichem Namen Anton Dumm. Er galt als der stärkste Mann von Köln. Er war immer mit seinen Schlägertrupps unterwegs, und keiner wagte es, sich ihm ernsthaft entgegenzustellen. Er war bekannt für sein elegantes Auftreten und seine teuren Autos.

Schlupf- und Winkelhuren

Bereits im Mittelalter gab es „offizielle" und „illegale" Prostitution. Die sogenannten Schlupf- und Winkelhuren boten sich versteckt in den Gassen Kölns an, besonders im damaligen Rotlichtviertel in der Schwalbengasse. Wurde eine von ihnen entdeckt, dann brachte man sie ins Frauenhaus, das der Kölner Rat 1524 Auf dem Berlich hatte errichten lassen. Dort musste sie dann arbeiten und war für jedermann erkennbar als Hure gebrandmarkt.

In den 1970er Jahren war es die Kleine Brinkgasse, in der sich die Prostitution breitmachte. Die Frauen boten sich in Schaufenstern an. Auf Drängen der Anwohner und Geschäftsleute wurde 1972-1974 das Eros-Center in der Hornstraße gebaut und so die Gegend um die Friesenstraße „bereinigt". Heute befindet sich in der Hornstraße das größte Bordell Europas, das „Pascha".

Szene aus dem Film *Heißes Pflaster Köln.*

Die beiden, „Dummse Tünn" und „Schäfers Nas", waren Zuhälter oder, wie man in Köln sagt: Sie haben die „Krumme" gemacht. Das war in dieser Zeit das Hauptgeschäft der Kriminellen. Die beiden hatten ihre Reviere und gerieten selten aneinander. Und beide gingen nicht gerade zimperlich mit ihren Frauen um.

Nach seinem Rückzug aus dem Milieu kaufte sich Schäfers Nas die MS Colorado, ein Kriegsschiff, das er zu einer Luxusjacht umbaute. Mit seiner Eichenholzvertäfelung, den vergoldeten Armaturen und mit Leopardenfell-Bettbezügen lag das Schiff jahrelang im Rheinauhafen.

Zu den besonders auffälligen Typen der Kölner Unterwelt gehörten weiterhin Manfred Abel, genannt „Abels Män", Peter Frisch, der „Frischse Pitter", Hans Esser alias „Essers Häns" und der „Lange Tünn", der eigentlich Anton Claahsen heißt.

„Abels Män" galt als der schönste Zuhälter der Stadt. Er trug dauergewelltes Haar, Stiefel mit hohen Absätzen, extravagante, gerne sehr eng anliegende Hosen aus Schlangenleder und teure Pelzmäntel. Überhaupt waren Pelzmäntel groß in Mode bei den „Luden", wie die Jungs und Männer aus dem Milieu auch genannt wurden. „Abels Män" kam wie „Dummse Tünn" aus Köln-Kalk und wurde vom großen Vorbild in die einschlägigen Etablissements eingeführt. Er entwickelte sich zu einem der „erfolgreichsten" Zuhälter mit sehr vielen Frauen, die für ihn anschafften.

Im Klingelpütz trafen sich die Großen und Kleinen aus der Unterwelt, um ihre Strafen abzusitzen. Heute erinnert nur noch der Straßenname an das ehemalige Gefängnis. Die Franzosen hatten aus dem mittelalterlichen Kloster ein Gefängnis für Kriegsgefangene gemacht. Und die Preußen bauten hier dann ihr erstes Gefängnis in Köln. In der Nazizeit war der Klingelpütz auch Hinrichtungsstätte, nach dem Krieg ab 1952 wieder Gefängnis. Nachdem der Klingelpütz in den 1960er Jahren einen zweifelhaften Ruf bekam – aufgrund vieler Ausbrüche, aber auch wegen Misshandlungen von Gefangenen – wurde er 1969 abgerissen. In Ossendorf entstand damals die neue Justizvollzugsanstalt.

Der „Frischse Pitter" achtete ebenfalls auf sein Aussehen, trug eine lange, lockige Mähne und einen auffälligen Schnäuzer. Auf einem Foto aus den 1970er Jahren posiert er in einem Lederfransenanzug. Er war genau wie „Essers Häns" Zuhälter. Für alle diese Zuhälter galt, dass sie viel Alkohol getrunken haben, schnelle und teure Autos fuhren und brutal mit „ihren" Frauen umgegangen sind.

Der sehr große und schlanke „Lange Tünn" war Türsteher, Zuhälter und Zocker, verdiente sich unter anderem auch sein Geld mit Billardspielen. Er trank und rauchte zwar nicht, war aber mit Sicherheit spielsüchtig. Es wird berichtet, dass er nicht nur viel Geld beim Spiel verloren hat, sondern auch beim Manipulieren von Spielen erwischt worden sei.

Szene aus dem Film *Heißes Pflaster Köln.*

Waren das nun lediglich sogenannte Kleinkriminelle? Beim Ausmaß ihrer Straftaten ist der Begriff wohl nicht ganz zutreffend. Handelte es sich doch um Zuhälterei, Hehlerei, Zockerei, Prügeleien, Erpressung und Gewalt gegen Frauen. Ihre Methoden waren rabiat und brutal.

Zu der späteren Verklärung der damaligen Kriminellenszene trug maßgeblich eine Begebenheit von 1975 bei. Damals war ein Vortragekreuz aus dem Domschatz gestohlen worden. Die Polizei hatte „Schäfers Nas" um Hilfe gebeten, der das Objekt auch tatsächlich zurückbrachte, den Finderlohn aber ablehnte und gemäß der Ganovenehre den wahren Täter nicht verriet. Er soll gesagt haben: „Den Dom bestiehlt man nicht." Man kann also davon ausgehen, dass die Betroffenen die Angelegenheit „untereinander" geklärt hatten. Unter dem DVD-Titel „Wir waren das Miljö" erzählen die ehemaligen Verbrecher von ihren Taten beinahe so, als ob sie einen ganz normalen Beruf ausgeübt hätten. Sie reden von den festen Regeln im Milieu, von Ehrenschulden und dass Frauen eines Anderen tabu waren. Sie klärten ihre Konflikte mit den Fäusten, niemals mit Waffen, sagen sie. Na, und die Frauen mussten sie halt ab und an auch mal schlagen, erklären sie, wenn sie nicht taten, was von ihnen verlangt wurde. Das war für sie normal, keine Spur von Unrechtsbewusstsein!

Wenn wirklich einmal jemand verhaftet und verurteilt werden konnte, landete er im Klingelpütz, dem Gefängnis, das nicht weit vom Friesenviertel entfernt war.

Tatsächlich wurden die Ganoven damals von der Polizei wenig verfolgt und hatten recht freies Spiel. Im Milieu hatte immer derjenige Recht, der stark und reich war. Ab Ende der 1960er Jahre wurde dann mit vielen Razzien und Stadtteilsanierungen die Kriminellen-Szene rund um die Friesenstraße deutlich eingedämmt.

In dem 1967 gedrehten Kinokrimi *Heißes Pflaster Köln* wirkten seinerzeit einige der damals bekanntesten und erfolgreichsten Schauspieler mit. Und nicht nur originale Schauplätze wie etliche der damaligen Luden-Kneipen sind darin zu sehen, sondern auch originale Kölner Szene-Kneipen, originale Polizisten und originale Liebesdamen.

Die DVD *Heißes Pflaster Köln* ist im Handel erhältlich.

Der Tatort Köln

Wenn die Rede vom *Tatort Köln* ist, denkt jeder sofort an Ballauf und Schenk, die beiden Kölner Fernsehkommissare. Aber bereits in den 1970er Jahren spielte der Tatort schon einmal in Köln. Damals ermittelte Zollfahnder Kressin im Köln-Bonner-Raum, aufgrund seines Jobs beim Zoll auch schon einmal über die Grenzen von Köln und Deutschland hinaus. In den sechs produzierten Folgen wurde Kressin von Sieghardt Rupp verkörpert.

Nach dem Start der Tatort-Reihe 1970 mit eher älteren Ermittlern (z.B. Trimmel oder Marek) war die Figur des Zolloberinspektors Kressin beinahe ein Tabubruch. Kressin war deutlich jünger, arbeitete überwiegend allein und lebte ungebunden. Sein Kleidungsstil war sportlich-lässig und seine Beziehungen zu Frauen nur von kurzer Dauer. Er ging keinem Streit aus dem Weg und war in seiner Haltung und Arbeitsauffassung quasi ein Wegbereiter für die spätere Figur des Horst Schimanski.

Durch alle seine Folgen jagte Kressin seinen persönlichen Widersacher Sievers, ohne ihn jedoch festsetzen zu können. Da mag der Erfolgsautor Wolfgang Menge, der vier der sechs Drehbücher geschrieben hat, durchaus vom damals sehr populären James-Bond inspiriert worden sein.

Dass dieser Kressin in Köln tätig war, wirkt absolut plausibel, wenn wir uns die reale Kriminellen-Szene der 1970er Jahre nochmals vor Augen führen. Das sogenannte „Chicago am Rhein" bot sich als Schauplatz für Kriminalgeschichten regelrecht an. Hier gab es die entsprechenden Szene-Lokale, Rotlicht-Viertel und schrägen Typen.

Und genau diese Typen tauchten in den 1990er Jahren im Fernsehen wieder auf, als Vorbilder für die Charaktere von Kriminellen in einer neuen Krimi-Serie. Zwischen 1990 und 1996 wurden sechs Folgen des *Kommissar Klefisch* gedreht, der wunderbar von Willy Millowitsch verkörpert wurde.

Die Story: Eigentlich ist er längst im Ruhestand, aber als derart langgedienter und erfahrener Kriminalist hilft Hauptkommissar a.D. Klefisch seinem noch jungen Kollegen Döpper, der von dem ebenfalls noch jungen Dietmar Bär gespielt wird, bei den Ermittlungen. Bei seinen Nachforschungen im Milieu trifft Klefisch immer wieder auf seine „alten Bekannten", von denen so manch ein Verbrecher einem Typen aus den 1970er Jahren nachgezeichnet zu sein scheint.

Die Verdächtigen oder Befragten nehmen es dem alten Mann noch nicht einmal übel, dass er sie verhört oder aushorcht. Ist er doch der von allen geschätzte „Onkel Klefisch". Und so manches Geheimnis vertrauen sie nur ihm an. Kein Wunder, dass Kommissar Döpper gerne die Hilfe von Klefisch in Anspruch nimmt.

WDR Fernsehen „Kommissar Klefisch: Ein Fall für Onkel", Buch Hans Werner Kettenbach, Regie Ulrich Stark, am Samstag (07.12.02) um 20:15 Uhr
Ein Täter ist gefasst, aber nicht von Klefisch. (v.l. Willy Millowitsch, Georg Adler, Eduardo Kapsch)
Bild: WDR/U. Dorin

Für Millowitsch war es im Alter von 80 Jahren eine besondere TV-Rolle, die er sich selbst gewünscht hatte. Sie hatte nichts mit Karneval oder Komödie zu tun. Er spielte seine Figur mit Ruhe und viel rheinischem Charme. Am Ende der Reihe merkte man ihm jedoch sein Alter deutlich an. Für Dietmar Bär war die Rolle des Kommissar Döpper der Start in seine Tatort-Zeit ab 1996 als Kölner Hauptkommissar Schenk.

Seit 1997 spielen Klaus Berendt und Dietmar Bär die Kölner Tatort-Kommissare Ballauf und Schenk, unterstützt von Joe Bausch als Gerichtsmediziner Dr. Joseph Roth. Zum Ermittlerteam gehört auch die Unterstützung im Büro. In den meisten Folgen stellten zuerst Anna Loos und später Tessa Mittelstaedt die Assistentinnen dar. In über 65 Folgen ermittelten die beiden Kommissare bereits, manches Mal auch stadtübergreifend mit Tatort-Kollegen aus anderen Regionen.

Kriminalhauptkommissar Max Ballauf (Berendt) war schon in den Jahren 1992 bis 1994 als Assistent des Düsseldorfer Ermittlers Flemming (Martin Lüttge) im Tatort zu sehen. Nach einem mehrjährigen Auslandsaufenthalt kehrt er als Chef der Kölner Mordkommission nach Deutschland zurück – sehr zum Verdruss von Schenk, der sich Hoffnung auf diese Position gemacht hatte. Aber sie raufen sich zusammen und bilden zwei interessante Ermittler-Charaktere, die auch Einblicke in ihr nicht unproblematisches Privatleben gewähren.

Freddy Schenk hat Familie mit einer Tochter, die ihren Vater so manches Mal sowohl in finanziellen Dingen als auch als Opa fordert. Letztlich ist Schenk ein ausgewiesener Familienmensch, wenn auch manchmal vielleicht ein wenig zu ängstlich und fürsorglich. Ballauf dagegen ist der typische „lonesome cowboy", der einsame Wolf in der Großstadt, der meistens im Hotel wohnt und nicht wirklich zu einer dauerhaften, festen Beziehung findet.

Die Kölner Tatort-Folgen kommen meist ohne Krawall oder übertriebene Action aus. Einmal schrieb eine Folge Fernsehgeschichte. Es war die Folge im Jahr 2014, als Assistentin Franziska Lüttgenjohann, gespielt von Tessa Mittelstaedt, aus der Serie ausstieg. In dem dramatischen und grausamen Film wird Franziska von einem Häftling als Geisel genommen, mit einem Messer bedroht und ihr wird eine Kabelbinder-Schlinge um den Hals gelegt. Der Krimi entwickelt sich zu einem psychischen Zweikampf zwischen der Geisel und ihrem Peiniger. Am Ende stürmt ein Sondereinsatzkommando (SEK) den Raum und erschießt den Geiselnehmer. Allerdings kann der mit letzter Gewalt die Schlinge um Franziskas Hals tödlich zuziehen. Aufgrund dieser Dramatik und des tödlichen Ausgangs wurde erstmals eine Tatort-Ausstrahlung aus Jugendschutzgründen auf eine spätere Uhrzeit verschoben.

Kölner Tatort-Dreh

Ein Tatort wird an 23 Tagen abgedreht. Das ist nicht viel Zeit, und so können die einzelnen Tage auch schon einmal sehr lange werden. Kompliziert wird es, wenn bei einer Sequenz im Hintergrund etwa ein Flugzeug landet oder ein Schiff über den Rhein fährt. Das muss dann bei der Fortsetzung des Drehs genauso sein, sonst funktionieren Um- oder Anschnitt später nicht. Früher wurden sechs Kölner Tatorte im Jahr produziert, heute sind es noch drei. Köln hält damit den Rekord mit den meisten abgedrehten Folgen eines Teams.

Es gibt bestimmte „no-go`s" im Kölner Tatort. Dazu gehört das Aufgreifen der Animosität zu Düsseldorf oder auch der Karneval. Dies sind beides Themen, die in ihrer Besonderheit für den Außenstehenden oder Nicht-Kölner nicht nachvollziehbar wären. Und Tatorte müssen überregional funktionieren.

WDR – Der TATORT aus Köln
Die TATORT-Kommissare Max Ballauf (Klaus J. Behrendt, r) und Freddy Schenk (Dietmar Bär) am Bug eines Bootes der Wasserschutzpolizei auf dem Rhein vor den Kölner Kranhäusern.
Bild: WDR/Markus Tedeskino

Der Kölner Tatort ist mit viel Lokalkolorit verbunden. Gedreht wird in Köln und Umgebung, gerne auch in Köln-Mülheim. Der Blick auf den Dom oder den Rheinauhafen und die vielen Fahrten über die Brücken gehören zu jeder Folge, ebenso das obligatorische Kölsch. Und bis auf wenige Ausnahmen taucht am Ende des Kölner Tatorts die berühmte Würstchenbude auf. Sie steht auf der rechten Rheinseite entweder unter der Deutzer Brücke oder zwischen Severins- und Deutzer-Brücke.

Auch wenn die Würstchenbude eigentlich woanders ihren festen Platz hat, wird sie doch zu den Tatort-Folgen erneut nach Deutz an den Rhein gefahren. Denn wo sonst hätte man für die Schlusssequenz diesen unvergleichlichen Blick auf das Kölner Panorama?

Derzeit steht die Würtschenbude im Skaterpark im Kölner Rheinauhafen und hat im Winter geschlossen.

Köln: Beliebter Drehort für Krimis

Schaut man in das Fernsehprogramm, so findet man eine unerwartet große Menge an Krimis, die in Köln spielen oder zumindest hier gedreht wurden.

Die Serie *SK Kölsch* hat im besonderen Maß das Kölsche bedient und in Szene gesetzt. Schon der Titelsong „Ahnunfürsich" von BAP stimmte den Zuschauer auf Köln, die Kölner und die Kölner Sprache ein. Kölsch wurde in dieser Serie immer wieder gesprochen, zumindest war der kölsche Singsang nicht zu überhören.

Die beiden Kölner Hauptkommissare Jupp Schatz und Bernd Taube konnten unterschiedlicher nicht sein. Schatz war ein Macho, wie er im Buche steht und entschied meist aus dem Bauch heraus. Taube war der Sensible, Analytische – und bekennend homosexuell. Beide zeigten kölsche Typen, wie wir sie alle kennen. Die beiden lösten ihre Fälle mit viel Charme, Humor und jeder Menge Kölner Lokalkolorit. Zwischen 1999 und 2006 wurden 81 Folgen gedreht.

Deutlich hochdeutscher kommt *SOKO Köln* daher, das seit 2003 als Vorabendserie im ZDF läuft. *SOKO Köln* gehört zu einer ganzen Reihe von SOKO-Serien, die zum Beispiel aus Stuttgart, Wismar, München oder Wien kommen und irgendwie alle nach einem ähnlichen Plan ablaufen. Außer den Bildern und Kulissen der jeweiligen Städte sind die Krimis nicht sonderlich stadtspezifisch.

Deutlich mehr Action als die eher beschaulichen SOKO-Serien bringen und brachten sowohl *Alarm für Cobra 11 – Die Autobahnpolizei*, als auch *Der Clown* auf. Beides sind RTL-Produktionen und seit den 1990er Jahren im Programm, der Clown allerdings nur bis 2001.

Während in der Autobahn-Serie reihenweise Autos durch die Luft fliegen, brennen, explodieren oder in andere Fahrzeuge rasen – und das meistens in Zeitlupe – war in der Clown-Serie ein ehemaliger Agent auf einem persönlichen Rachefeldzug und jagte ganz nebenbei Schurken aller Art. Für beide Formate wurden aufwändige Stunts gedreht. Die Umgebung oder Lokalität spielt in beiden Serien eine untergeordnete Rolle.

Das wiederum ist in der seit 2008 laufenden ZDF-Produktion *Marie Brand* ganz anders. Hier wird die Hauptperson von Mariele Millowitsch verkörpert, die alleine mit ihrem Namen die Serie als typisch und klassisch kölsch adelt.

Auch wenn Mariele Millowitsch schon lange ihren Wohnsitz nicht mehr in Köln hat, merkt man ihr die Verbundenheit zur Stadt deutlich an. Sie spielt die Kommissarin Marie Brand, die sich den jeweiligen Aufgaben mit sehr viel Ruhe, Gelassenheit und einem untrüglichen Spürsinn nähert. Gedreht wird nur in Köln.

Neben diesen in Köln spielenden Kriminalserien gibt es auch noch eine Reihe von Produktionen, die zwar thematisch nicht in der Rheinmetropole angesiedelt sind, aber trotzdem hier gedreht werden. Das liegt an der Attraktivität des Drehorts Köln. Denn zum einen befinden sich viele Produktionsfirmen und -studios in der Stadt, wie beispielsweise in Mülheim, Ossendorf oder in Hürth, und zum anderen sind mit dem WDR, RTL, SuperRTL, Vox und n-tv wichtige Sender hier ansässig. Das wiederum zieht auch die Hersteller von Kamera- und Übertragungstechnik oder Casting-Agenturen in die Domstadt. Und unter den circa eintausend Drehgenehmigungen pro Jahr in Köln sind viele für Krimis dabei.

So steht das Polizeipräsidium der erfolgreichen Serie *Der letzte Bulle*, die eigentlich in Essen spielt, in Köln-Ossendorf. Schimanski ermittelt zwar im Fernsehen in Duisburg, aber tatsächlich sind viele Szenen in Köln gedreht, wie beispielsweise in der Köln-Mülheimer Gaststätte „Grund" an der Montanusstraße oder im Evangelischen Krankenhaus Köln-Kalk. Da kann man sogar im Hintergrund einer Szene durchs Fenster eine Ecke der Dachkonstruktion der Lanxess-Arena sehen.

Und dass viele Szenen des Münsteraner Tatorts nicht in Münster sondern in Köln gedreht wurden, ist schon lange kein Geheimnis mehr. Da erkennt man beispielsweise ein Haus in Köln-Klettenberg wieder, in dem Börne und Thiel wohnen.

Ebenso verhält es sich mit der Reihe *Niedrig und Kuhn, Kommissare ermitteln*, in der es um den Polizeialltag der Duisburger Kripo ging. Hier ermittelten echte Kriminaloberkommissare, die für die Dreharbeiten freigestellt wurden, fiktive Fälle, die allesamt in Hürth abgedreht wurden.

Auch die Krimis mit der Düsseldorfer LKA-Kommissarin Helen Dorn, die eigentlich in Düsseldorf und Duisburg spielen, werden überwiegend in Köln gedreht. Krankenhausszenen finden ebenfalls gerne im Evangelischen Krankenhaus Köln-Kalk statt, was sich in der Produktionsbranche anscheinend als „drehfreudig" erwiesen hat. Des Weiteren sind das Eigelsteinviertel bis hin zum Kölner Hauptbahnhof Drehorte der Reihe.

Kölner TV-Krimis

Tatort – Zollfahnder Kressin
Laufzeit: 1971 – 1973, 6 Folgen à 90 Minuten, zzgl. 1 Kinofassung für die USA und 3 Tatort-Gastauftritten bei anderen Ermittlern, Sender: WDR, Das Erste, Sonntag 20.15 Uhr, mit Sieghardt Rupp, Hermann Lenschau, Ivan Desny und anderen.

Kommissar Klefisch
Laufzeit: 1990 -1996, 6 Folgen à 90 Minuten, Sender: WDR, Das Erste, Mittwoch 20.15 Uhr. Außer Folgen 1 u. 6: Sonntag, mit Willy Millowitsch, Dietmar Bär und anderen.

Alarm für Cobra 11 – Die Autobahnpolizei
Laufzeit: seit 1996, über 300 Folgen (inkl. SpinOff Formate etc.) à 45 Min. in über 20 Staffeln, Sender: RTL, Donnerstag 20.15 Uhr, mit Erdogan Atalay, Daniel Roesner, Katja Woywood, Tom Beck, Mark Keller und anderen.

Tatort – Ballauf und Schenk
Laufzeit: seit 1997, über 65 Folgen (Tatort-Rekord!) à 90 Minuten, inkl. 4 Tatort-Crossover mit anderen Ermittlern, Sender: WDR, Das Erste, Sonntag 20.15 Uhr, mit Klaus Berendt, Dietmar Bär, Joe Bausch, Anna Loos, Tessa Mittelstaedt und anderen.

Der Clown
Laufzeit: 1998 – 2001, 44 Folgen in 6 Staffeln à 45 Minuten. zusätzlich 3 Filmableger, Sender: RTL, Dienstag 20.15 Uhr, mit Sven Martinek, Diana Frank, Thomas Anzenhofer und anderen.

SK Kölsch
Laufzeit: 1999 – 2006, 81 Folgen à 45 Min. in 7 Staffeln, Sender: SAT. 1, Montag 20.15 Uhr, mit Uwe Fellensiek, Christian Maria Goebel, Gustav-Peter Wöhler und anderen.

SOKO Köln
Laufzeit: seit 2003, über 260 Folgen (zzgl. Specials und Crossover) à 43 Min. in über 12 Staffeln, Sender: ZDF, Dienstag 18.05 Uhr, mit Kerstin Landsmann, Thomas Clemens, Pierre Besson, Lukas Piloty, Diana Staehly, Jasmin Gerat, Steve Windolf und anderen.

Marie Brand
Laufzeit: seit 2008, 17 Folgen à 90 Minuten, Sender: ZDF, 20.15 Uhr an unterschiedlichen Wochentagen, mit Mariele Millowitsch, Hinnerk Schönemann, Thomas Heinze und anderen.

Köln und sein einzigartiges Rheinpanorama sind ein etablierter, traditioneller Drehort für Kriminalfilme.

„Crime Cologne"

Köln ist nicht nur Traditionsort für Fernsehkrimis, sondern auch für Krimis in Buchform oder als Partythema oder Event. Literarische Krimis gibt es als Köln-Krimis, Szene-Krimis oder Krimis für Pänz. Christoph Gottwald schrieb 1984 den ersten Köln-Krimi mit dem Titel „Tödlicher Klüngel". Mittlerweile gibt es um die 75 Veröffentlichungen. Auch andere Kölner Verlage sind in das Krimi-Geschäft eingestiegen. Das entscheidende Markenzeichen eines Köln-Krimis ist der Wiedererkennungswert von Köln. Mögen es Straßen oder Plätze sein, Institutionen oder Persönlichkeiten, aktuelle politische oder gesellschaftliche Ereignisse, Begebenheiten aus Sport oder Kultur – wichtig ist, dass sie die lokalspezifischen Eigenarten von Köln unterstreichen, hervorheben oder auch persiflieren.

Im Fokus der Köln-Krimi-Storys stehen immer kölnspezifische Themen wie beispielsweise das Richter-Fenster im Dom, der Köln-Marathon, Karneval oder Kölner Klüngel. Seit 1995 erscheinen die Köln-Krimis für Pänz (Kinder), die kriminalistische Geschichten aus der Gegenwart gerne mit historischen Ereignissen aus der Kölner Stadtgeschichte verknüpfen. So werden den Kindern die Stadt, die Stadtgeschichte und der Spaß am Knobeln auf leichte Art und Weise vermittelt.

Und ähnlich der *lit.Cologne* findet in regelmäßigen Abständen die *Crime Cologne* statt, das Kriminalliteratur-Festival. Dazu kommen international bekannte Krimiautoren nach Köln, um aus ihren Werken zu lesen. Die Orte der Lesungen werden passend ausgewählt. Das kann mal eine Trauerhalle sein, ein Bestattungsinstitut oder ein Polizeipräsidium. Um die *Crime Cologne* herum finden viele Veranstaltungen statt, gespielte Verbrecherjagden oder kriminalistische Gesprächsrunden.

Köln bietet aber noch viel mehr für Krimifans. Auch außerhalb der Crime Cologne gibt es ein großes Angebot an unterschiedlichsten Krimi-Events. Da kann man an Führungen teilnehmen, die zu spannenden und mysteriösen Orten von Verbrechen führen. Oder man lässt sich bei einem schönen, leckeren Abendessen Kriminalgeschichten erzählen und kommt dabei von Gang zu Gang der Auflösung etwas näher, bis beim Dessert der Fall gelöst wird. Das sind die sogenannten *Krimi-Dinners*. Eine Mischung von Lesung und Schauspiel findet regelmäßig im Gloria statt, moderiert von Ralph Morgenstern oder Hella von Sinnen, die die Zuschauer auch zum Mitraten auffordern. Unter dem Stichwort *Citythriller* kann man an einer gespielten Verbrecherjagd durch die Kölner Innenstadt teilnehmen. Wer zuerst entsprechende Zeugenaussagen oder Hinweise richtig zu deuten weiß und auf die richtige Spur kommt, gewinnt den Wettkampf gegen die anderen Hobbyermittler. Offensichtlich scheint in Köln das Kriminalisieren, in welcher Form auch immer, eine gewisse Tradition zu haben. Auf jeden Fall kann man mit Fug und Recht behaupten, dass Köln eine im wahrsten Sinne des Wortes spannende Stadt ist.

Und seit jüngstem ermittelt nun ein gewisser *Schälock Holmes* im *Hänneschen-Theater.*

SCHÄLOCK HOLMES
MEISTERDETEKTIV

Und zum Schluss …
… Die Kölner Traditionszahl: 11

Die Symbolkraft der Zahl 11

Wenn es eine Traditionszahl zu und von Köln gibt, dann ist es die „11". Zugegeben, die 11 ist die Symbolzahl des Karnevals und die der Narren an vielen Orten Deutschlands gleichermaßen. Es gibt verschiedene Erklärungsansätze, warum das so ist.

Vielleicht liegt es ja am Datum? Der 11. November war früher ein Tag des Feierns, da an diesem Tag die Mägde und Knechte ausbezahlt wurden. Oder es liegt daran, dass die 11 das Überschreiten der Zehn Gebote anzeigt. Ein weiterer Ansatz: Es könnte an der Gleichheit der beiden Ziffern 1 liegen, die darauf hinweisen soll, dass es im Karneval keine Unterschiede zwischen den Menschen gibt. Wie auch immer, ohne die 11 ist der Karneval nicht vorstellbar. Am 11. im 11. um 11.11 Uhr geht es los, und in jeder Sitzung gibt es einen Elferrat.

Dass die Zahl 11 in Köln aber besonders zelebriert wird und symbolisch in Form der 11 Flammen sogar im Stadtwappen auftaucht, hat noch einen weiteren Grund. Den finden wir in der Kölner Stadtgeschichte. Es geht um die Heilige Ursula. Keine andere Heilige wurde in Köln derart verehrt wie sie. Aber wer war diese Ursula? Hat sie wirklich jemals gelebt? Das, was wir über sie wissen und was uns von ihr erzählt wird, beruht auf einer Legende, die in der zweiten Hälfte des 13. Jahrhunderts aus unterschiedlichen Überlieferungen zusammengefügt und aufgeschrieben worden ist.

Zahlen haben seit jeher eine große Symbolkraft. Sie werden in verschiedenen Kombinationen oder auch als einzelne Zahlen mit einer Bedeutung verknüpft, die etwas mit schön oder hässlich, gut oder böse, schicksalshaft, esoterisch oder mystisch zu tun haben kann. Jeder kennt die unterschiedlichen Assoziationen mit der Zahl Sieben: Die sieben Zwerge, die sieben Tage der Woche, an denen Gott die Welt erschuf, die Sieben auf einen Streich, die glorreichen Sieben, den siebenarmigen Leuchter … Ob in der Bibel, in Märchen oder in der Zahlenmetaphysik – Zahlen sind oft Bestandteil bestimmter, traditioneller Brauchtumspflege.

Demnach war die Heilige Ursula eine Prinzessin aus der Bretagne (Nordfrankreich), deren Schönheit (gemeint ist die Prinzessin) weithin gepriesen wurde. Der englische König hörte von dieser sagenhaften Schönheit und erbat Ursula als Frau für seinen Sohn. Seine Bitte war nicht ungefährlich für die Prinzessin und ihren Vater, denn der englische König drohte Gewalt an, falls sie sich weigerte. Ursula war Christin, der englische Prinz dagegen nicht. Sie wollte keinen Mann heiraten, der nicht wie sie an Christus glaubte. Aber gleichzeitig hatten die Prinzessin und ihr Vater Angst vor den Drohungen des englischen Königs. Da stellte die kluge Ursula eine Bedingung: Sie wolle den Prinzen heiraten, wenn dieser sich taufen ließe und damit zum Christen würde. Außerdem erbat sie sich drei Jahre

Zeit, um mit 11 Jungfrauen nach Rom zu reisen und sich dort vom Papst segnen zu lassen. Der Prinz willigte ein. Ursula zog mit den Jungfrauen und einer großen Zahl von Mägden auf Schiffen den Rhein hinauf und weiter bis nach Rom. Immer mehr Menschen schlossen sich den Jungfrauen an. Die römischen Herrscher sahen mit Sorge, dass sich so viele Leute taufen ließen. Als Ursula und die Jungfrauen auf ihrer Rückreise von Rom nach Köln kamen, wurden sie alle von einem Hunnen-Heer ermordet, das von den Römern zu dieser Tat angetrieben worden war. So starben Ursula und ihre Begleiterinnen in Köln den sogenannten Märtyrertod.

Heiligenlegenden können keinen Anspruch auf die volle Wahrheit erheben. Aber oft haben sie einen wahren Kern. Gehen wir zurück zu den ersten echten Hinweisen auf Ursula und ihre Jungfrauen. Nach einer alten Überlieferung sollen tatsächlich in frühchristlicher Zeit (4. Jahrhundert) einige junge Frauen in Köln wegen ihres christlichen Glaubens getötet worden sein. Da ist allerdings keine Rede von einer Ursula. Diese älteste Nachricht ist in einen Stein eingemeißelt, der aus dem späten 4. Jahrhundert stammt. Er wurde in der Kirche St. Ursula gefunden.

Die romanische Kirche Sankt Ursula ist der Ort in Köln, an dem die heilige Ursula besonders verehrt wird, eine der bedeutendsten Heiligen der Stadt.

Darauf steht, dass ein vornehmer Mann namens Clematius eine Kirche an derjenigen Stelle bauen ließ, an der die heiligen Jungfrauen ihr Blut vergossen hätten.

Es werden keine Namen der Jungfrauen genannt und keine Zahlen!

Ab dem 9. Jahrhundert tauchte diese Geschichte um die Jungfrauen dann erneut in verschiedenen Schriften auf. Und nun war plötzlich die Rede von 11 Jungfrauen, die alle einen Namen bekamen. Eine von ihnen hieß von nun an Ursula. Die Namen stammten vermutlich von Grabsteinen, die man neben der Kirche gefunden hatte. Dazu muss man wissen, dass die kleine Kirche, die auf Clematius zurückzuführen ist, inmitten eines römischen Gräberfeldes lag. Spätestens seit dem 10. Jahrhundert sahen die Gläubigen Ursula als alleinige Führerin der Jungfrauen an.

Während der Arbeiten zur Stadterweiterung von 1106 entdeckten Arbeiter immer mehr Gräber an dieser Stelle. Dass dies überwiegend römische Gräber waren, interessierte die Menschen damals nicht. Sie brachten die Funde mit der Geschichte der Heiligen Ursula in Verbindung. Die enorme Menge von gefundenen Knochen ließ die Zahl der Jungfrauen, die Ursula begleitet haben sollen, stetig anwachsen. Irgendwann sprachen die Kölner von sagenhaften 11 000.

Die Geschichten um die Ursula hatten einen entscheidenden Anteil an dem wirtschaftlichen Aufschwung Kölns im Mittelalter. Viele Menschen kamen damals an den Rhein, um hier zu der Heiligen zu beten und Reliquien der Ursula oder ihrer Begleiterinnen zu kaufen. Die Ursulareliquiare wurden bis in entfernteste Länder verkauft. Sie waren im 14. und 15. Jahrhundert ein echter Verkaufsschlager der Kölner Kunsthandwerker.

Die Kölner veränderten dann im 17. Jahrhundert sogar ihr Stadtwappen. Unter den drei Kronen, Symbole für die Heiligen Drei Könige, tauchten nun die elf Flammen auf, als Symbol für die elftausend Jungfrauen.

Die Zahl 11 ist eben nicht nur eine närrische Zahl. Sie ist viel mehr: eine urkölsche Traditionszahl!

Und wer weiß, ob dies nicht der erste von 11 Bänden ist? Denn es steht wohl außer Frage, dass es noch viele weitere Traditionen in Köln gibt – Theater, Musik, Kirchen, Brücken, Sport, Feste, Klüngel, Personenkult ... aber davon später mehr.

Bildnachweise

Archiv Große Kölner KG 1882 e.V. (S. 49, 69)

Archiv Rosen-Montags-Divertissementchen von 1861 e.V. (S. 34)

Badura, Joachim (S. 8-9, 11, 12, 16-17, 18, 26, 29, 30, 73, 81, 110-111, 119)

DAT WOR ET – Die Kölsche Sessions-Chronik (Frank Tewes, Heike Reinarz, Joachim Badura, Andrea Gläßer) (S. 32-33, 36, 37, 38, 39, 40-41, 42, 43, 44, 45, 47, 50, 51, 53, 55, 56-57, 58)

Filmszenen aus „Heißes Pflaster Köln" mit freundlicher Unterstützung von „kölnprogramm GmbH & Co. KG" (S. 95, 97, 98, 100, 101)

Privatarchiv Familie Kleinmann (S. 86)

Privatarchiv Joe Bausch, Foto von Wolfgang Schmidt (S. 93)

Rauprich, Susanne und Paula (S. 7, 10, 14, 15, 64, 74-75, 76, 77, 79, 80, 82, 84, 85, 114-115, 117)

Redaktionsbüro Tewes (Frank Tewes, Heike Reinarz) (S. 21, 22, 23, 25, 60-61, 67, 71, 87, 89, 106, 113)

van Treeck, Ansgar / Stunksitzung (S. 46)

WDR Köln (Einzelnachweise siehe jeweiliges Einzelbild, S. 90-91, 103, 105)

Bilder Umschlagseiten: Joachim Badura, kölnprogramm GmbH & Co. KG, Susanne Rauprich, Heike Reinarz, Frank Tewes, WDR Köln